I0760185

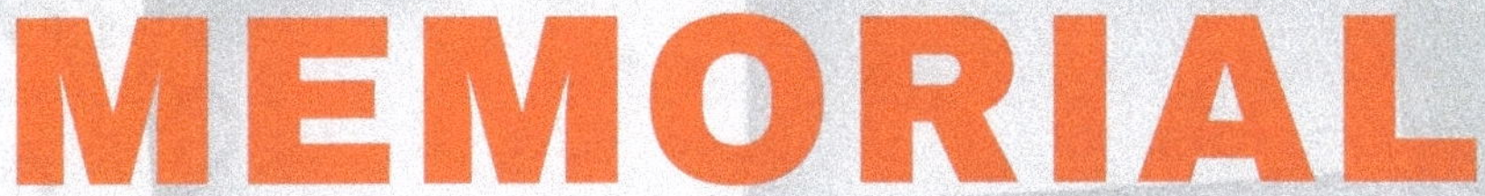

MEMORIAL

Love, Loss, and the Art of Remembrance

Amor, Pérdida, y el Arte del Recuerdo

JACQUELINE VON EDELBERG

Photographs by Jamie Kelter Davis, Jim Vondruska, Brandy Byrd, and Emily April Allen

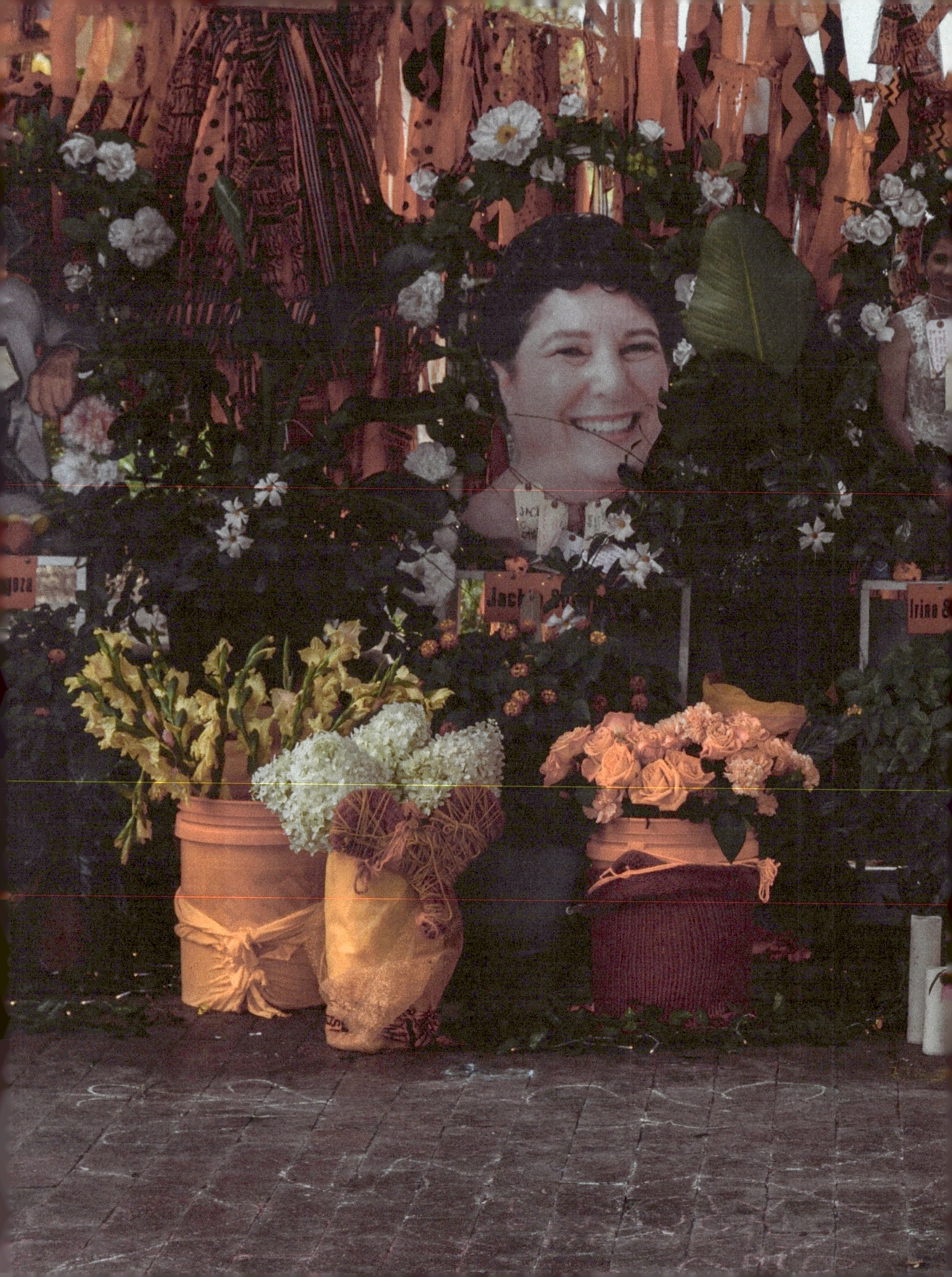

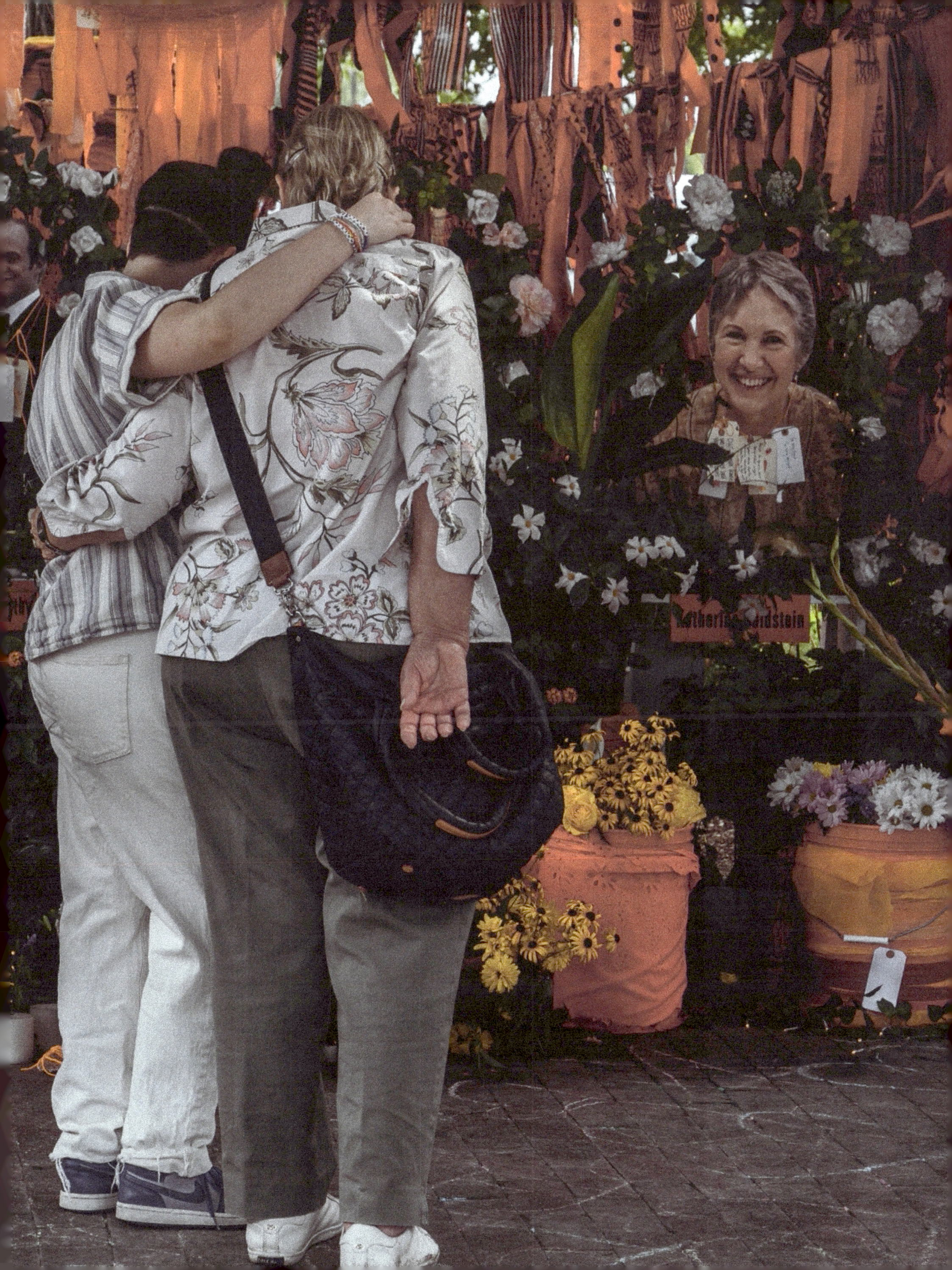

DEDICATION // DEDICATORIA

For the seven lives lost on
July 4, 2022,
in Highland Park, Illinois.

Por las siete vidas perdidas el
4 de julio, 2022
en Highland Park, Illinois.

Katherine Goldstein
Eduardo Uvaldo
Jacki Sundheim
Irina McCarthy
Kevin McCarthy
Stephen Straus
Nicolás Toledo-Zaragoza

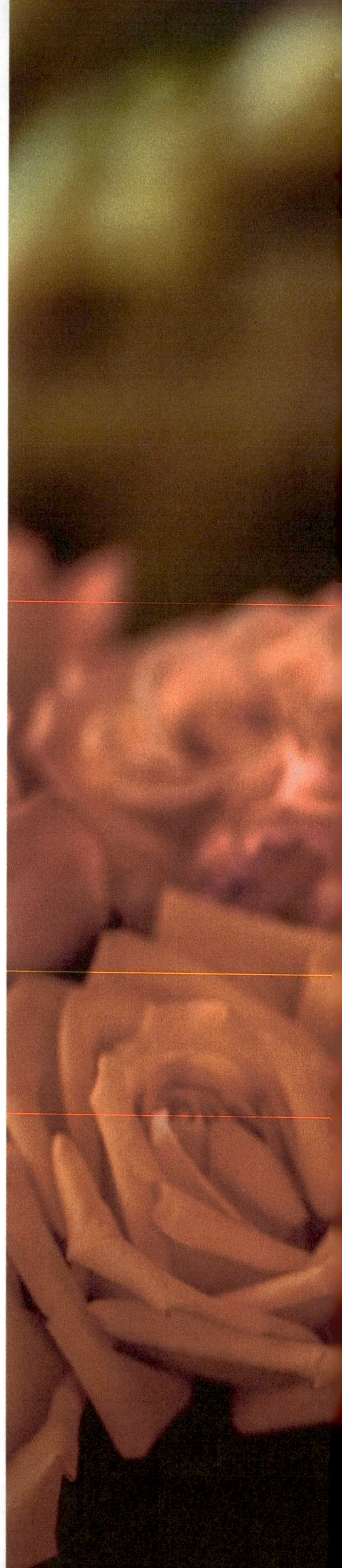

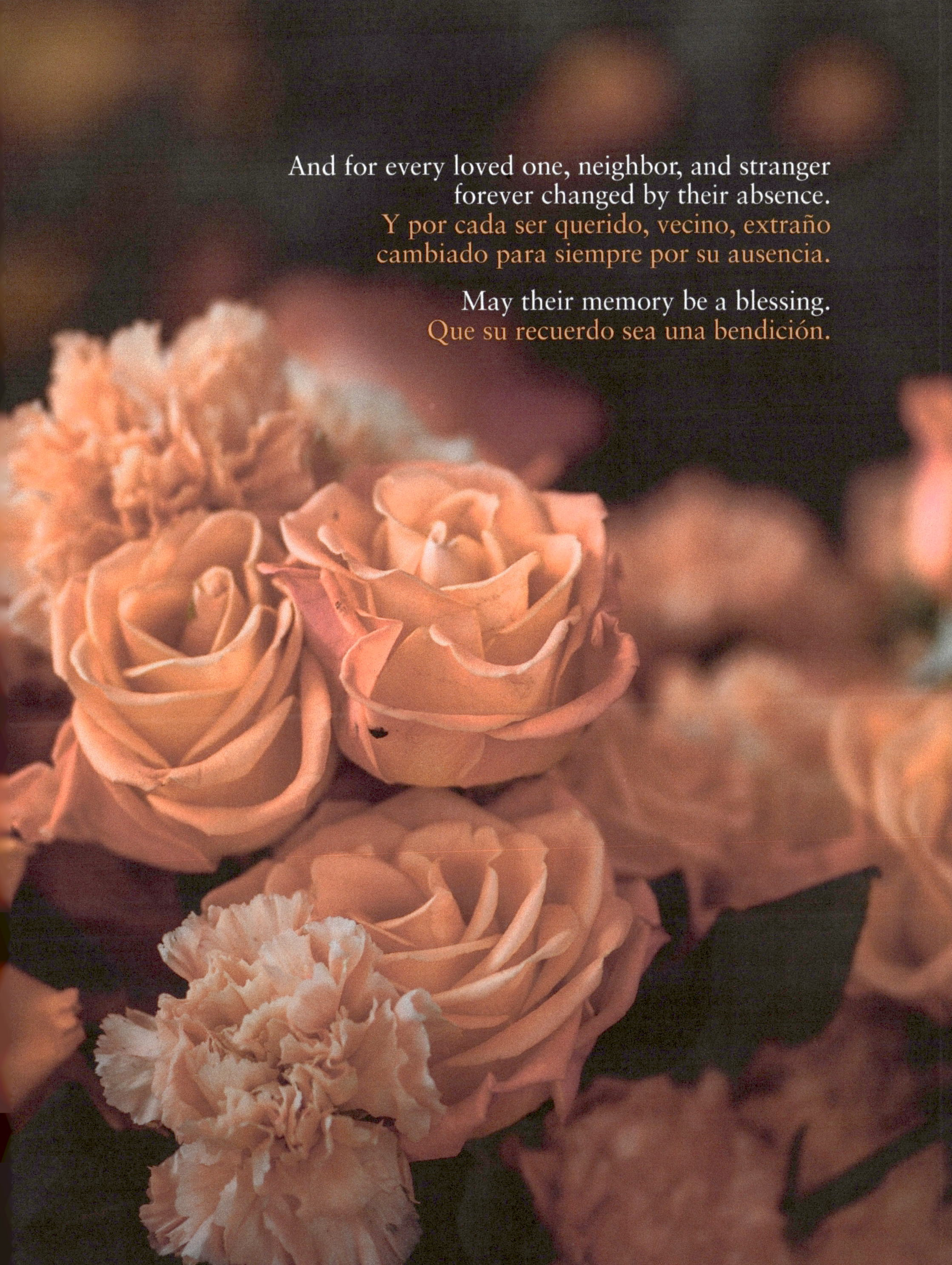

And for every loved one, neighbor, and stranger
forever changed by their absence.
Y por cada ser querido, vecino, extraño
cambiado para siempre por su ausencia.

May their memory be a blessing.
Que su recuerdo sea una bendición.

CONTENTS // CONTENIDO

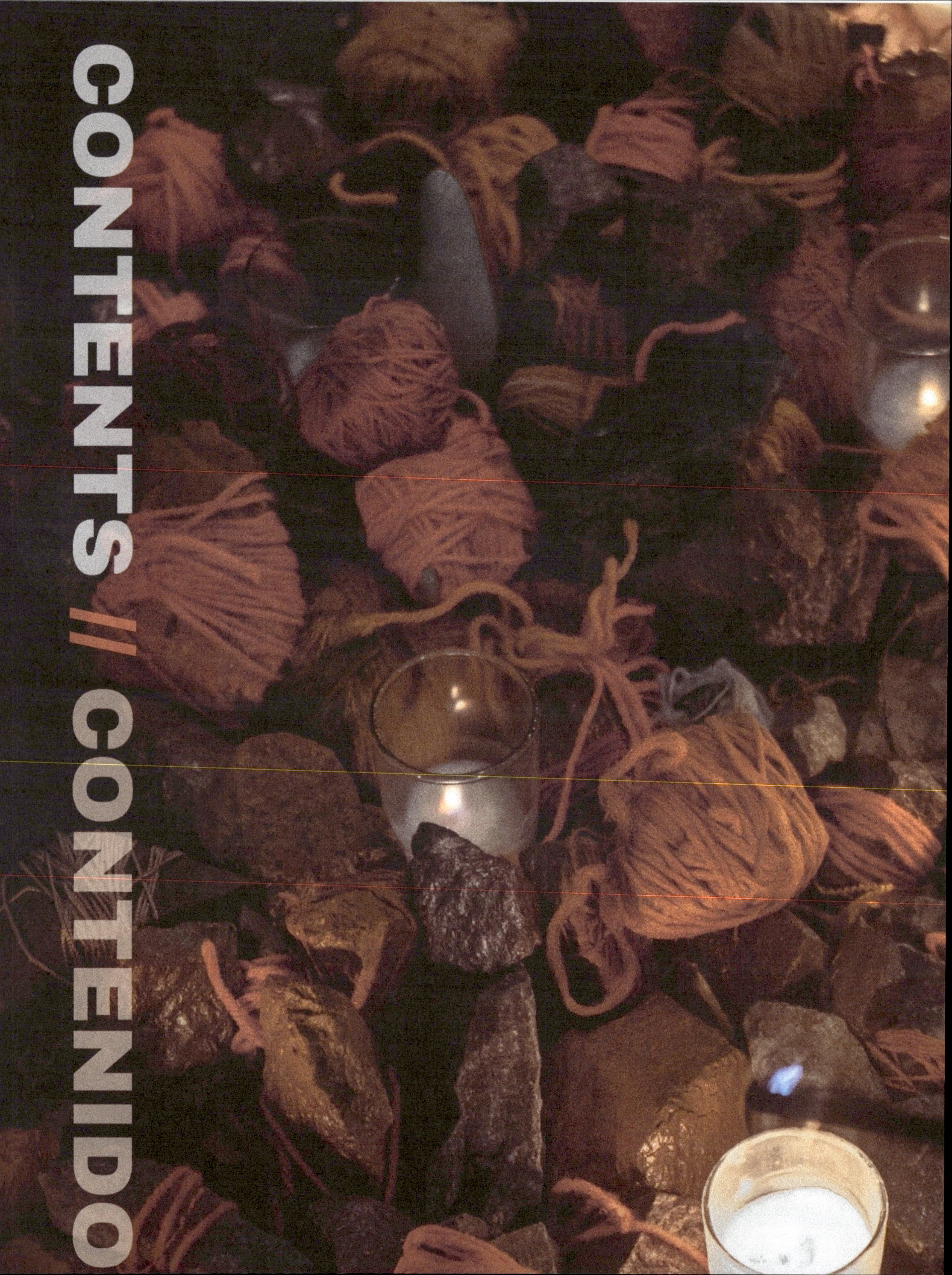

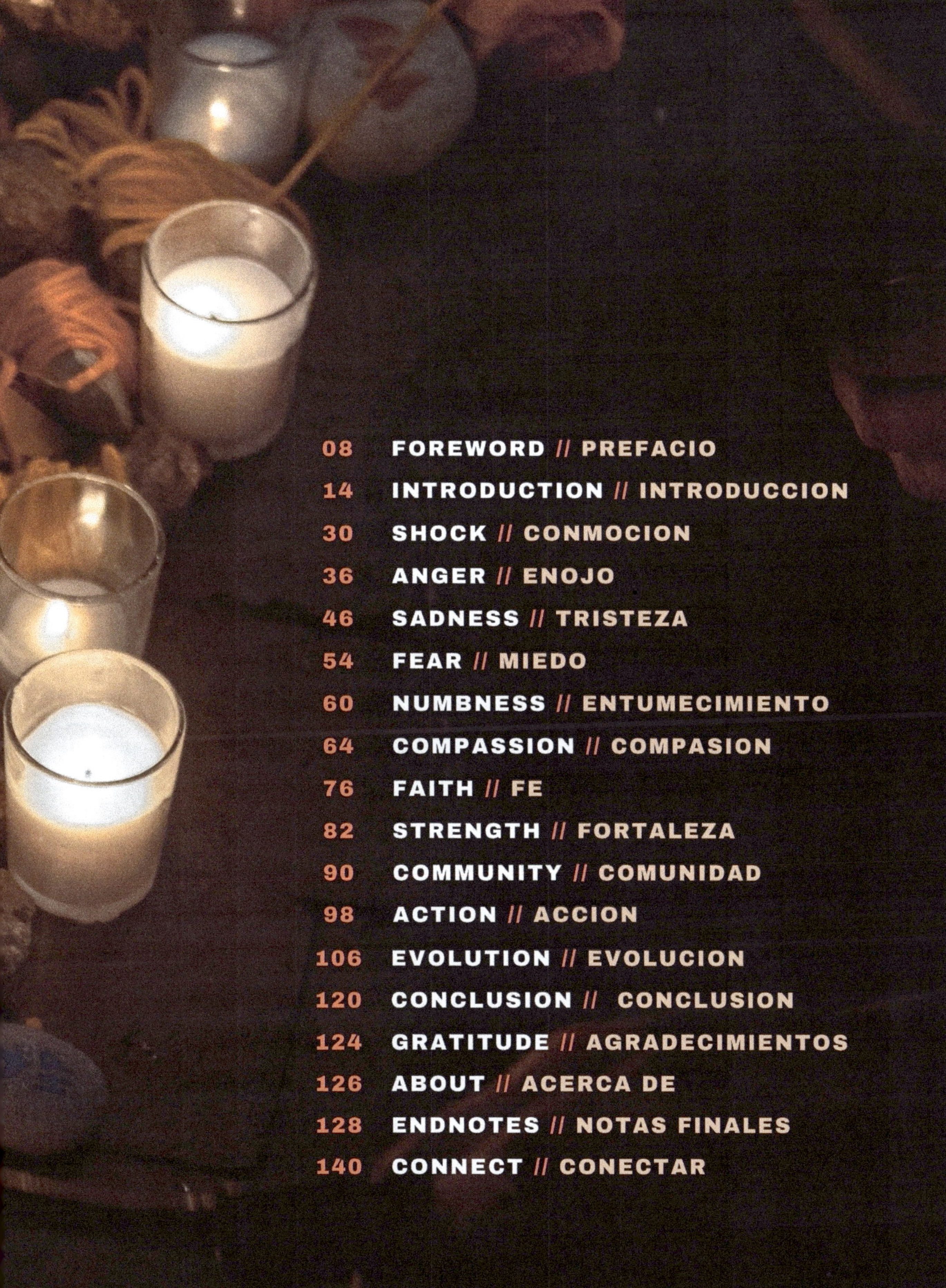

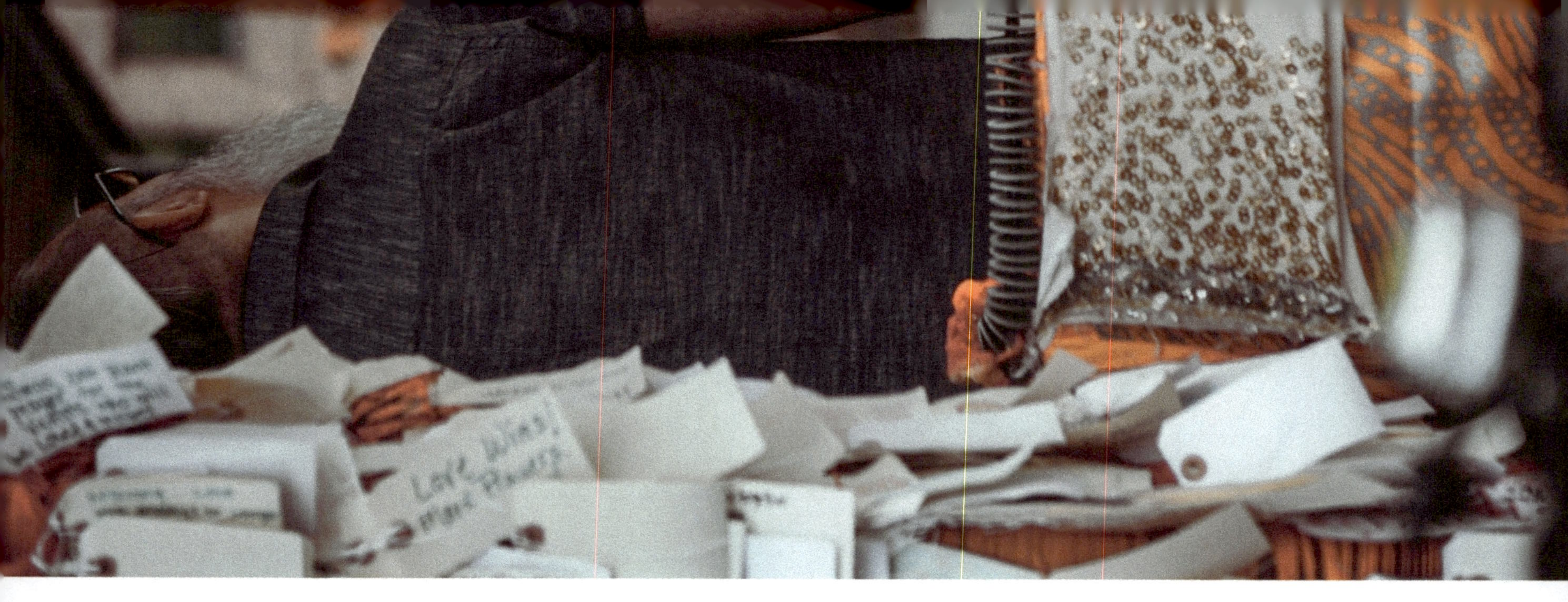

ANDRÉS TAPIA

FOREWORD // PREFACIO

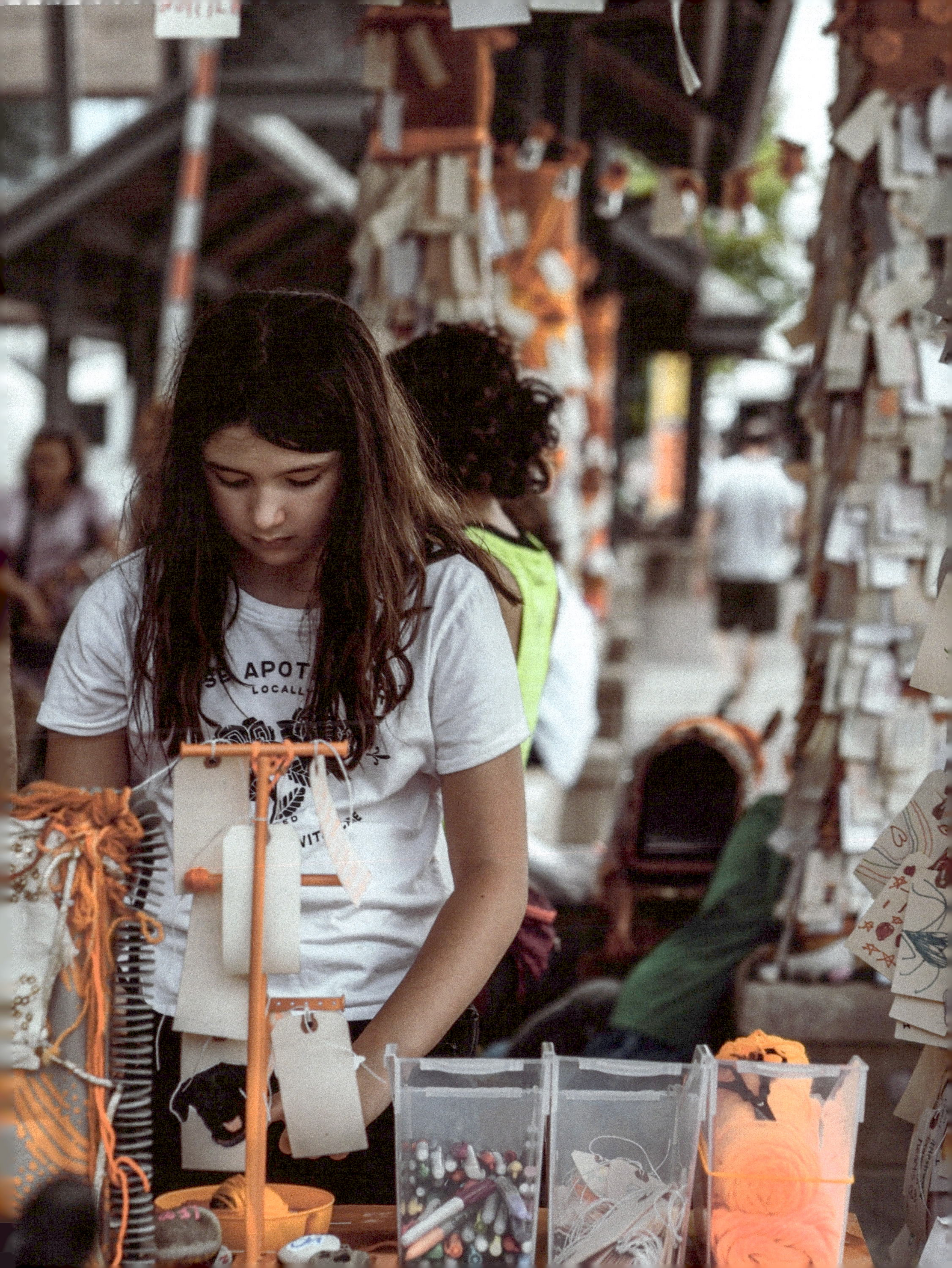

So many of us have our individual stories about our experience with the Highland Park shooting — where we were, what we heard, what we saw, what we felt. Even today, even with the murderer sentenced behind bars for the rest of his life, we all carry scars, wounds, and losses that time alone cannot erase.

This book, however, is not about any one individual story. Rather, it's a collective story, the communal imprint left by a horrific, hateful crime. It's a visual, poetic, visceral invitation into three intertwined narratives: the horror we faced, the role of community in healing, and the action we must now take.

But for all its tragedy, for all its pain, loss, and grief, this book is brimming with hope — a hard-edged hope, a courageous hope, an audacious hope.

Muchos de nosotros tenemos nuestras propias historias sobre nuestra experiencia durante el tiroteo en Highland Park — dónde estábamos, lo que escuchamos, lo que vimos, lo que sentimos. Incluso hoy, incluso con el asesino condenado y tras las rejas de por vida, todos llevamos cicatrices, heridas y pérdidas que el tiempo por sí solo no puede borrar.

Este libro, sin embargo, no trata de una sola historia individual. Es una historia colectiva, la huella compartida que dejó un crimen atroz y lleno de odio. Es una invitación visual, poética y visceral a tres narrativas entrelazadas: el horror que enfrentamos, el papel de la comunidad en la sanación y la acción que ahora debemos tomar.

Pero a pesar de toda su tragedia, de todo su dolor, pérdida y duelo, este libro está lleno de esperanza — una esperanza áspera, valiente, audaz.

Jacqueline knew instinctively that grief needs a canvas, that collective trauma needs a place to be honored. She did not create a static memorial; she created a living, breathing space for transformation.

Slowly, slowly, slowly, we wove, wrote, sang, wept, and bore witness — we began to heal. But we did not heal alone.

Jacqueline understood community requires placemaking — that art gives us form, color, sound, and texture to hold what words alone cannot bear. Place gathers us into a shared space, a sacred container where healing can begin.

Beneath the airy glass and steel canopy at the corner of Central Avenue and St. Johns, Jacqueline set an empty canvas before us: yarn, chalk, markers, stones, fabric, music — the makings of a communal temple, raw and humble, yet deeply holy.

Jacqueline supo instintivamente que el duelo necesita un lienzo, que el trauma colectivo necesita un lugar para ser honrado. No creó un monumento estático; creó un espacio vivo, que respira, para la transformación.

Lentamente, lentamente, lentamente, tejimos, escribimos, cantamos, lloramos y fuimos testigos — comenzamos a sanar. Pero no sanamos solos.

Jacqueline comprendía que la comunidad necesita un lugar — que el arte nos da forma, color, sonido y textura para sostener lo que las palabras por sí solas no pueden soportar. El lugar nos reúne en un espacio compartido, un recipiente sagrado donde puede comenzar la sanación.

Bajo la liviana marquesina de vidrio y acero en la esquina de Central Avenue y St. Johns, Jacqueline nos ofreció un lienzo en blanco: hilo, tizas, marcadores, piedras, telas, música — los elementos de un templo comunitario, crudo y humilde, pero profundamente sagrado.

Our answer to violence was art. The art was healing. The healing was channeled through community. And from community comes action.

We cannot allow violence to defeat us, to leave us paralyzed, or to strip us of hope. In the face of such darkness, our response must be to live more fully, more beautifully, and with greater commitment than ever before — a commitment that unfolds in the pages ahead.

Nuestra respuesta a la violencia fue el arte. El arte fue sanación. La sanación fluyó a través de la comunidad. Y de la comunidad nace la acción.

No podemos permitir que la violencia nos venza, nos paralice o nos robe la esperanza. Ante tanta oscuridad, nuestra respuesta debe ser vivir más plenamente, con más belleza y con un compromiso más profundo que nunca — un compromiso que se despliega en las páginas que siguen.

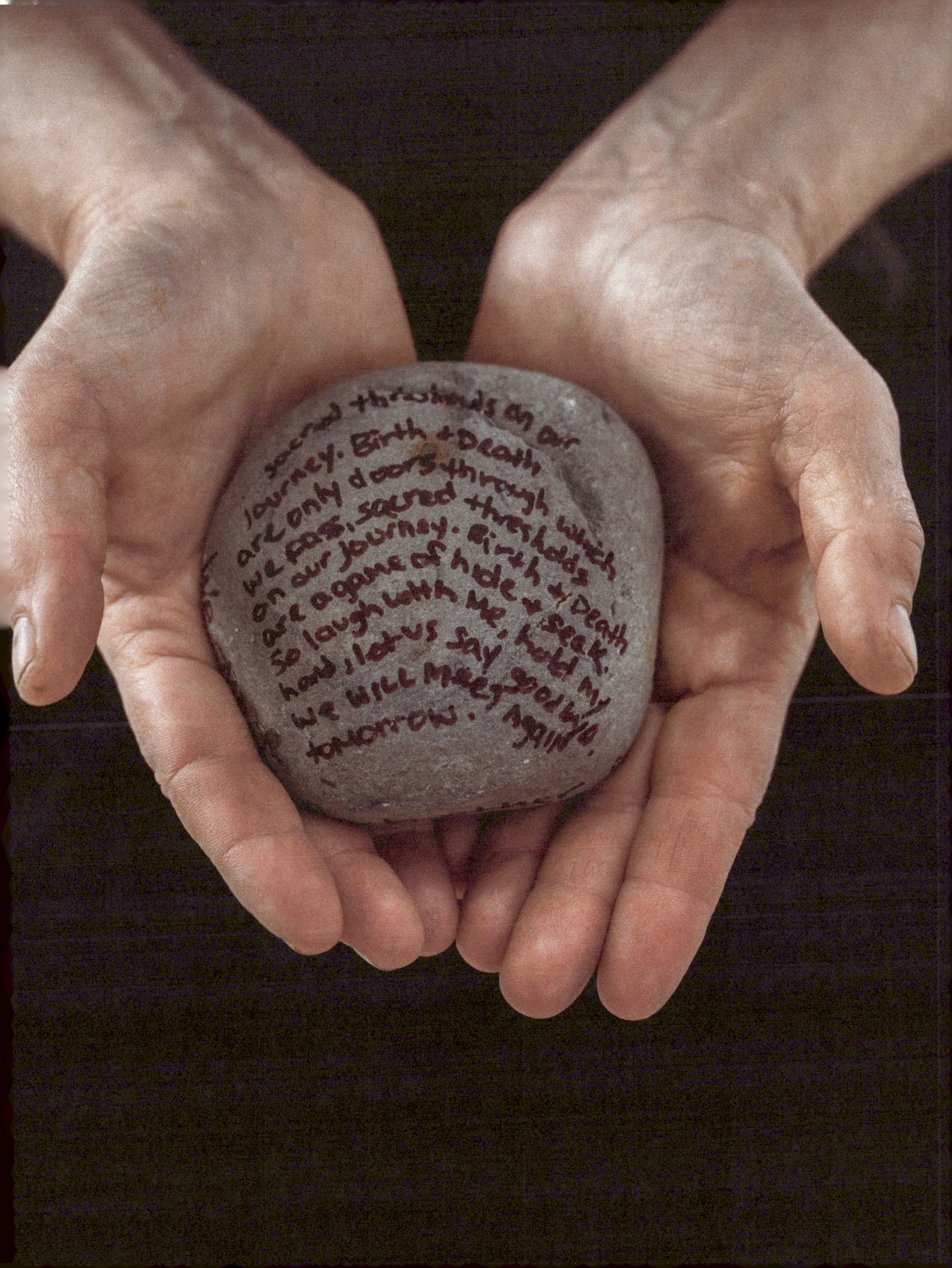
sacred thresholds on our
journey. Birth + Death
are only doors through which
we pass, sacred thresholds
on our journey. Birth + Death
are a game of hide + seek.
So laugh with me, hold my
hand, let us say goodbye.
We will meet again
tomorrow.

INTRODUCTION // INTRODUCCION

It began, as such things do, in stunned silence. Not reverence — absence. Highland Park forever cleaved into Before and After.

At 10:14 a.m., during a parade celebrating freedom, a young man climbed a rooftop with a legally purchased semiautomatic rifle. In less than two minutes: Three emptied magazines. Seven dead. Forty-eight wounded.

This is the story of how my hometown responded to profound tragedy with humble materials: yarn, fabric, rocks, paper, and ink. And our journey from hope to healing, anguish to action.

Comenzó, como comienzan estas cosas, en un silencio atónito. No de reverencia, sino de ausencia. Highland Park quedó partida para siempre en un Antes y un Después.

A las 10:14 de la mañana, durante un desfile en celebración de la libertad, un joven subió a un tejado con un rifle semiautomático comprado legalmente. En menos de dos minutos: Tres cargadores vaciados. Siete muertos. Cuarenta y ocho heridos.

Esta es la historia de cómo mi ciudad natal respondió a una tragedia profunda con materiales humildes: hilo, tela, piedras, papel y tinta. Y de nuestro recorrido de la esperanza a la sanación, de la angustia a la acción.

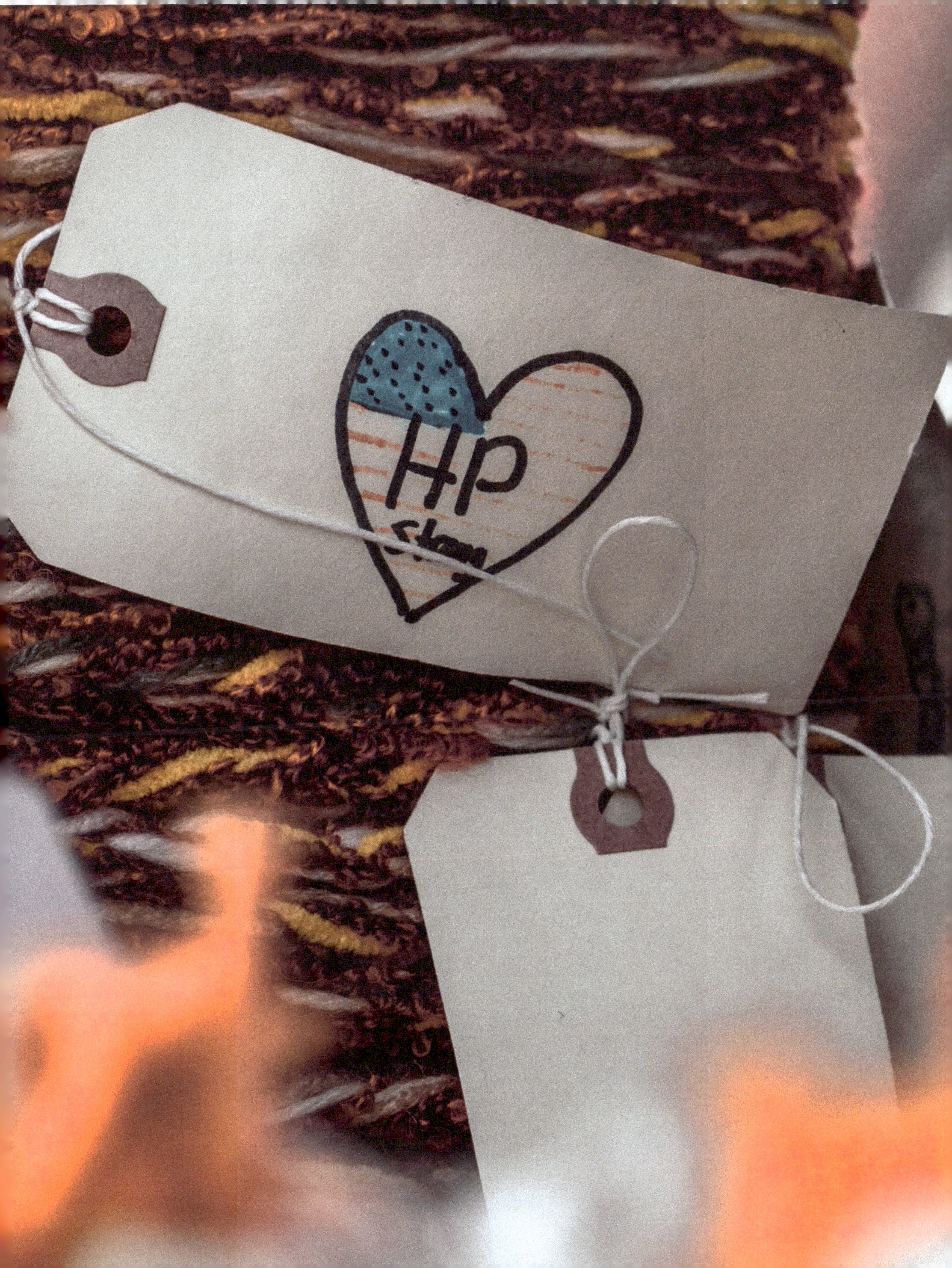
HP

Just weeks before the shooting, my art installation was on display at the Highland Park Art Center — thirty-two thousand strips of orange fabric representing all the children killed by gun violence since Sandy Hook. For over two decades, the city-block long garland has traveled the country, gathering more and more fabric. Each piece layered over another response, and another before that — a palimpsest of loss.

After the massacre in Uvalde, local activists gathered in the rain to add twenty-one more. It could be us, we warned.

Ten days later, it was.

After an eight-hour manhunt, police voiced the all-clear. Like many, I drifted to the spontaneous convening at the corner of St. Johns and Central, across from the steel-and-glass pavilion on the parade route, just steps from the site of the shooting.

Solo unas semanas antes del tiroteo, mi instalación artística estaba expuesta en el Centro de Arte de Highland Park: treinta y dos mil tiras de tela naranja representando a todos los niños asesinados por la violencia armada desde Sandy Hook. Durante más de dos décadas, esta guirnalda, que abarca una manzana entera, ha recorrido el país, acumulando más y más tela. Cada pieza superpuesta a otra respuesta, y otra anterior — un palimpsesto de pérdida.

Después de la masacre en Uvalde, activistas locales se reunieron bajo la lluvia para añadir veintiuna más. Podríamos ser nosotros, advertimos.

Diez días después, lo fuimos.

Después de una cacería de ocho horas, la policía dio la señal de todo despejado. Como muchos, me dirigí al encuentro espontáneo en la esquina de St. Johns y Central, frente al pabellón de acero y vidrio en la ruta del desfile, a pocos pasos del lugar del tiroteo.

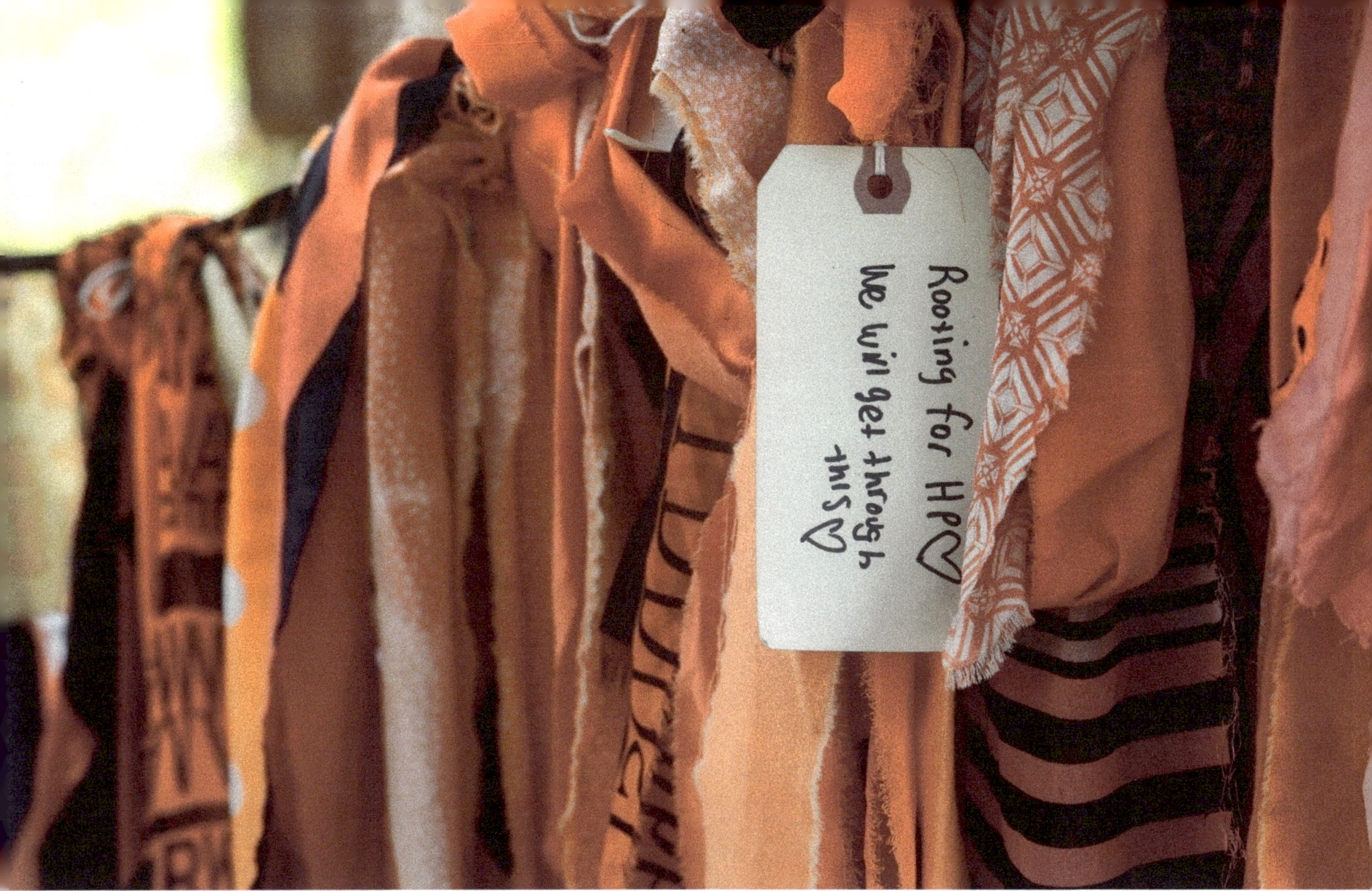

Instinctively, I brought the tools of my trade: fabric, cord, Sharpies, notecards. While I've facilitated versions of this interactive art activity hundreds of times, I've never seen materials consumed so voraciously.

Grief was ravenous. It clawed for something to hold, something to anchor its bottomless ache.

The same scene of tearing and tying and writing was replayed at the next vigil. And the next. And the next.

Instintivamente, llevé las herramientas de mi oficio: tela, cuerda, marcadores Sharpie, tarjetas. Aunque he facilitado versiones de esta actividad interactiva cientos de veces, nunca había visto los materiales consumirse con tal voracidad.

El dolor era insaciable. Arañaba por algo que sostener, algo que anclara su dolor interminable.

La misma escena de rasgar, atar y escribir se repitió en la siguiente vigilia. Y en la siguiente. Y en la siguiente.

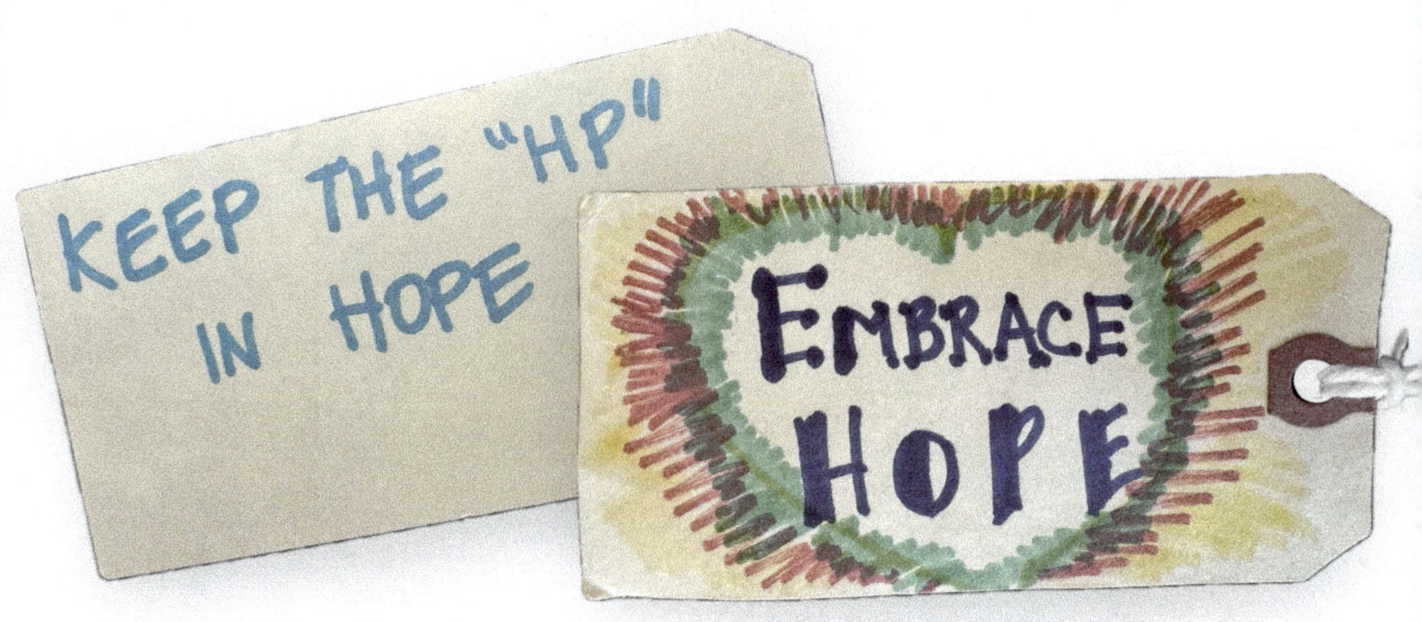

After the fourth vigil, I visited the pavilion where a shrine had taken root. I spent hours watching mourners shuffle past seven altars left by California's Classroom of Compassion, adding candles, handwritten signs, stuffed animals, and cellophane-wrapped flowers to an ever-growing pile of sorrow.

The silence and sadness were unbearable.

The next morning, I returned with a speaker and acres of orange yarn. I cranked up Joe Purdy and tied skeins to each column and asked mourners:

Would you like to wrap this?

A chorus of yeses.

Después de la cuarta vigilia, visité el pabellón donde había echado raíces un santuario. Pasé horas observando a los dolientes avanzar lentamente frente a siete altares dejados por Classroom of Compassion, de California, mientras añadían velas, letreros escritos a mano, peluches y flores envueltas en celofán a una montaña de pena que no dejaba de crecer.

El silencio y la tristeza eran insoportables.

A la mañana siguiente, regresé con una bocina y metros de estambre naranja. Puse a todo volumen a Joe Purdy, até madejas a cada columna y pregunté a los dolientes:

¿Te gustaría ayudar a envolver esto?

Un coro de síes.

In just four days, the pavilion was engulfed in orange, the color of warning and witness, hunters and Hadiya, and a grassroots movement demanding change.

The memorial wasn't planned, mandated, or permitted — it simply grew: human, handmade, wholly alive.

En solo cuatro días, el pabellón quedó envuelto en naranja —el color de la advertencia y del testimonio, de los cazadores y de Hadiya, y de un movimiento de base que exige cambio.

El memorial no fue planeado, ni impuesto, ni autorizado —simplemente creció: humano, hecho a mano, completamente vivo.

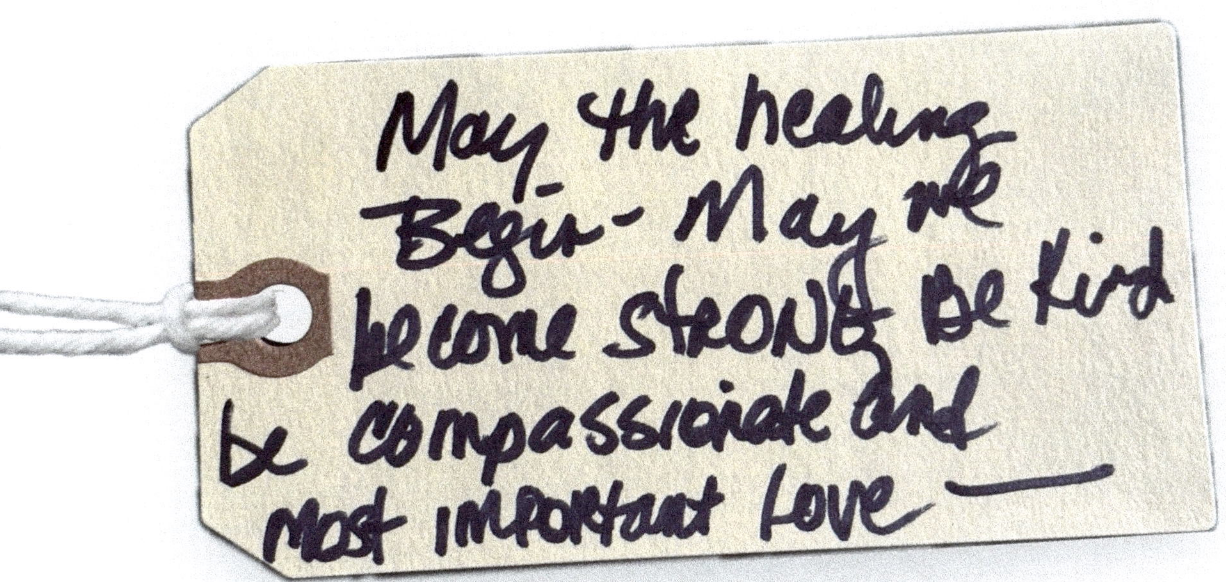

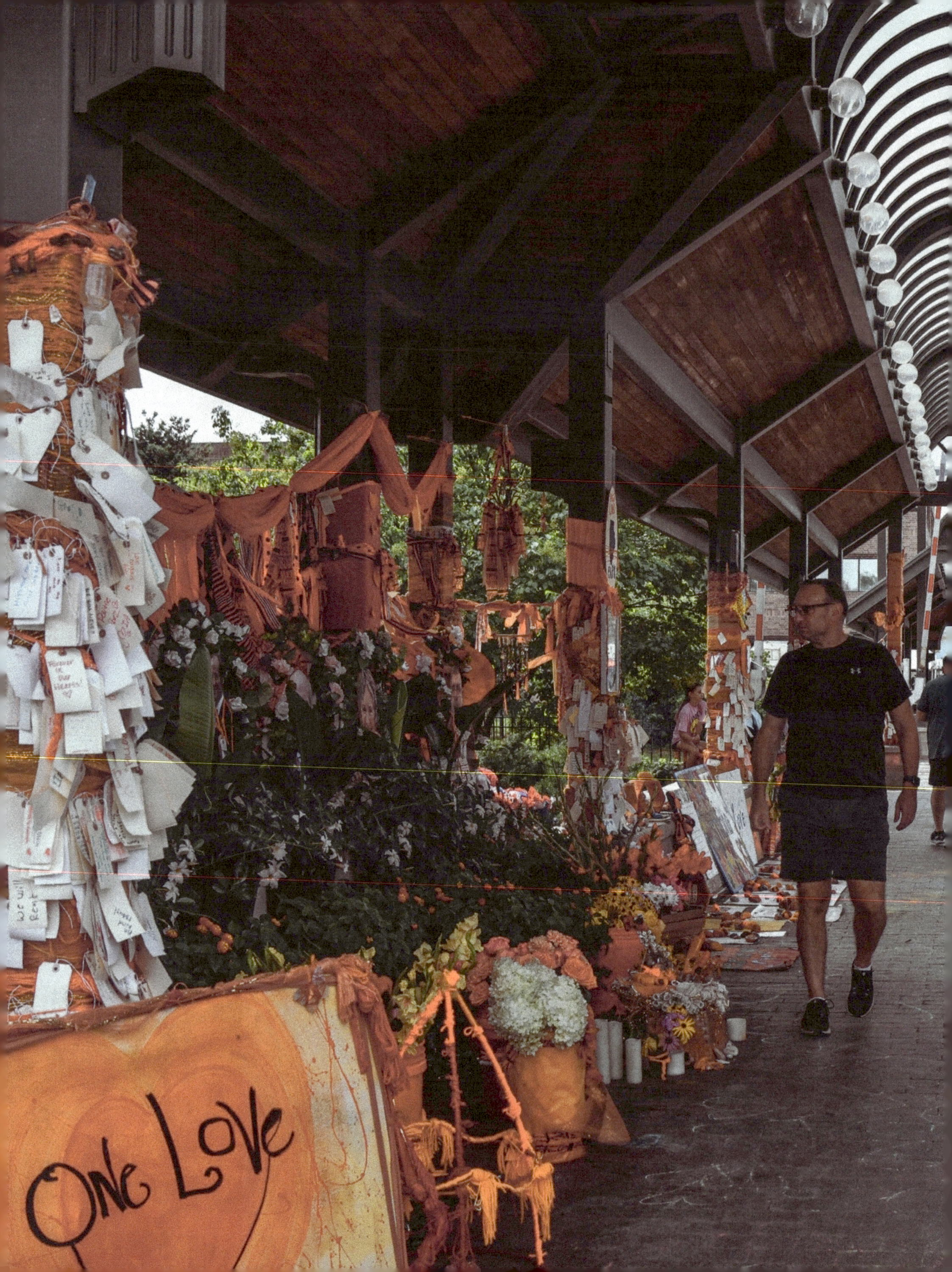
One Love

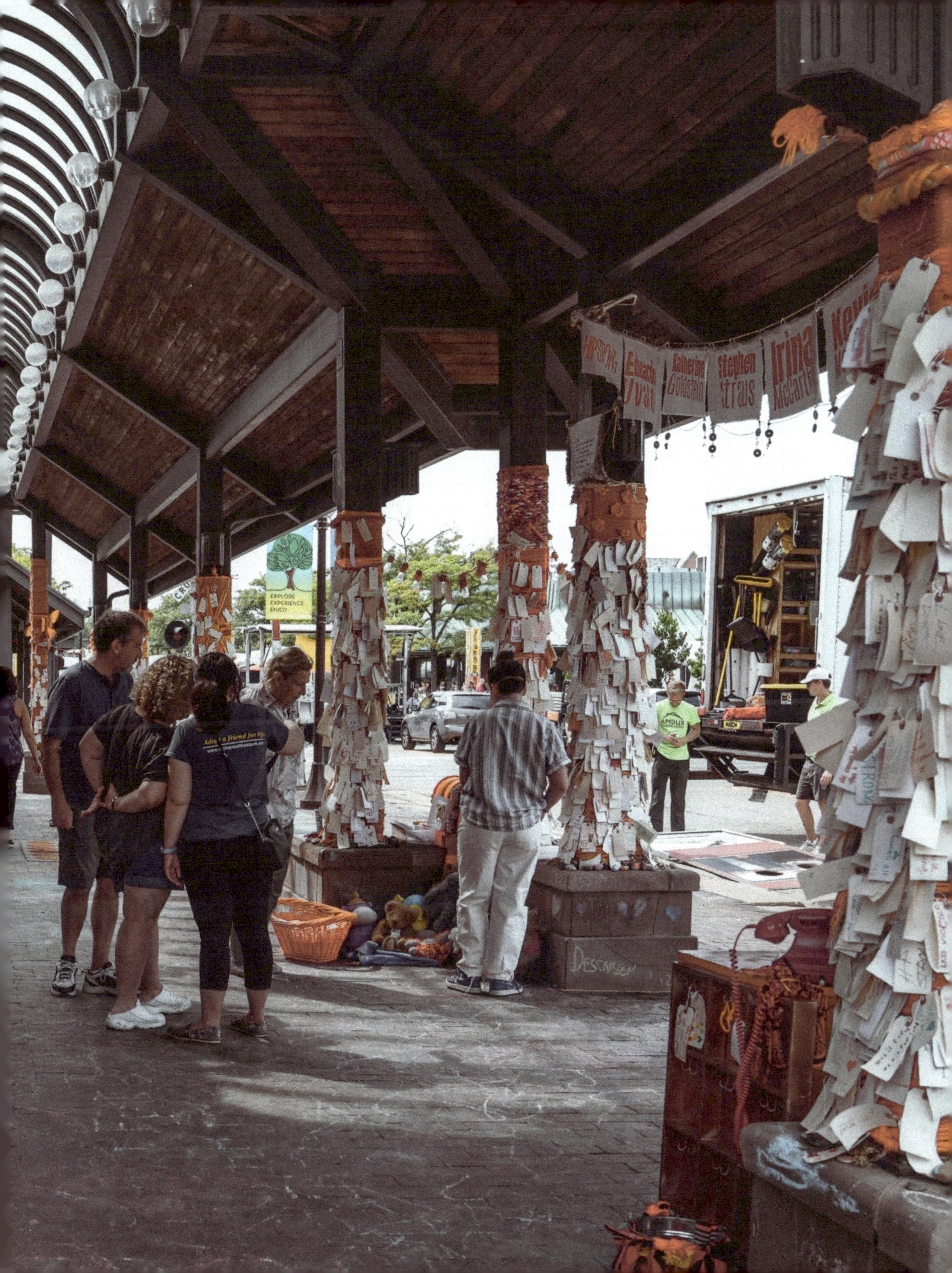
Katherine Goldstein
Stephen Straus
EXPLORE
EXPERIENCE
ENJOY

If the structure held space for sorrow, the music gave it soul.

Every day, musicians gathered in the adjacent pocket park, close enough to fill the pavilion with song, but far enough to play without pressure. No one asked for tips or applause.

An open-invite backyard shiva jam that said: ***You don't have to do or say anything. Just be.***

Si la estructura albergaba el espacio para el dolor, la música le daba alma.

Cada día, músicos se reunían en el parque contiguo, lo suficientemente cerca como para llenar el pabellón de melodía, pero lo bastante lejos para tocar sin presión. Nadie pedía propina ni aplauso.

Una especie de shivá improvisada al aire libre que decía: ***No tienes que hacer ni decir nada. Simplemente ser.***

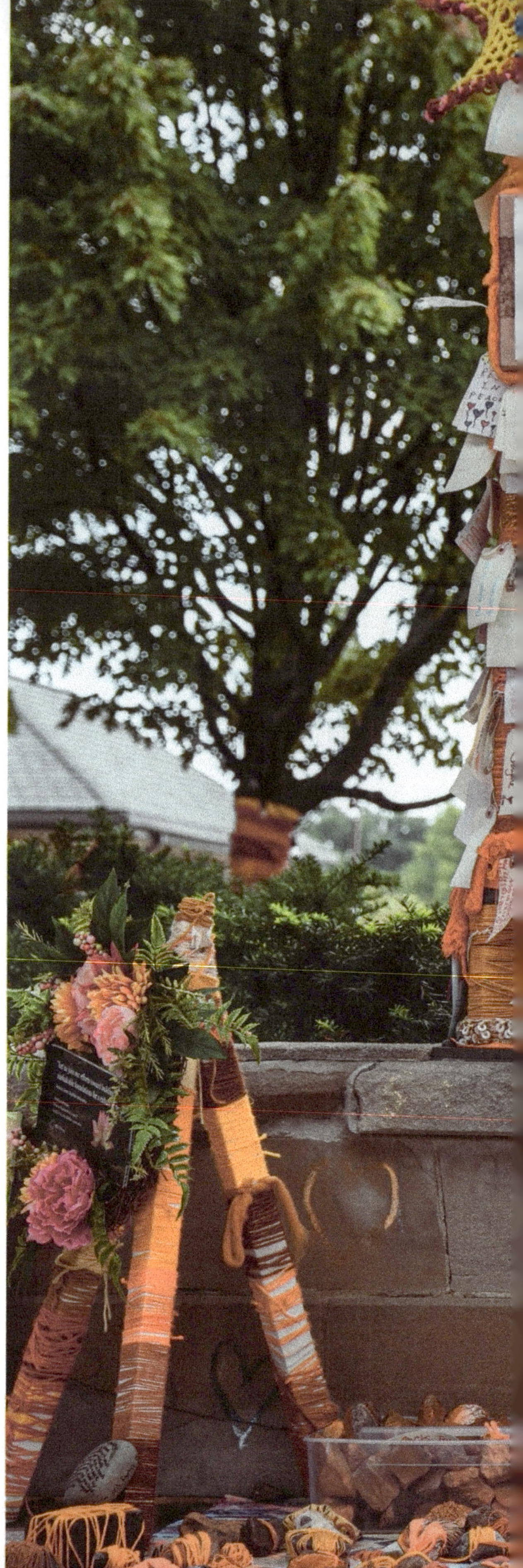

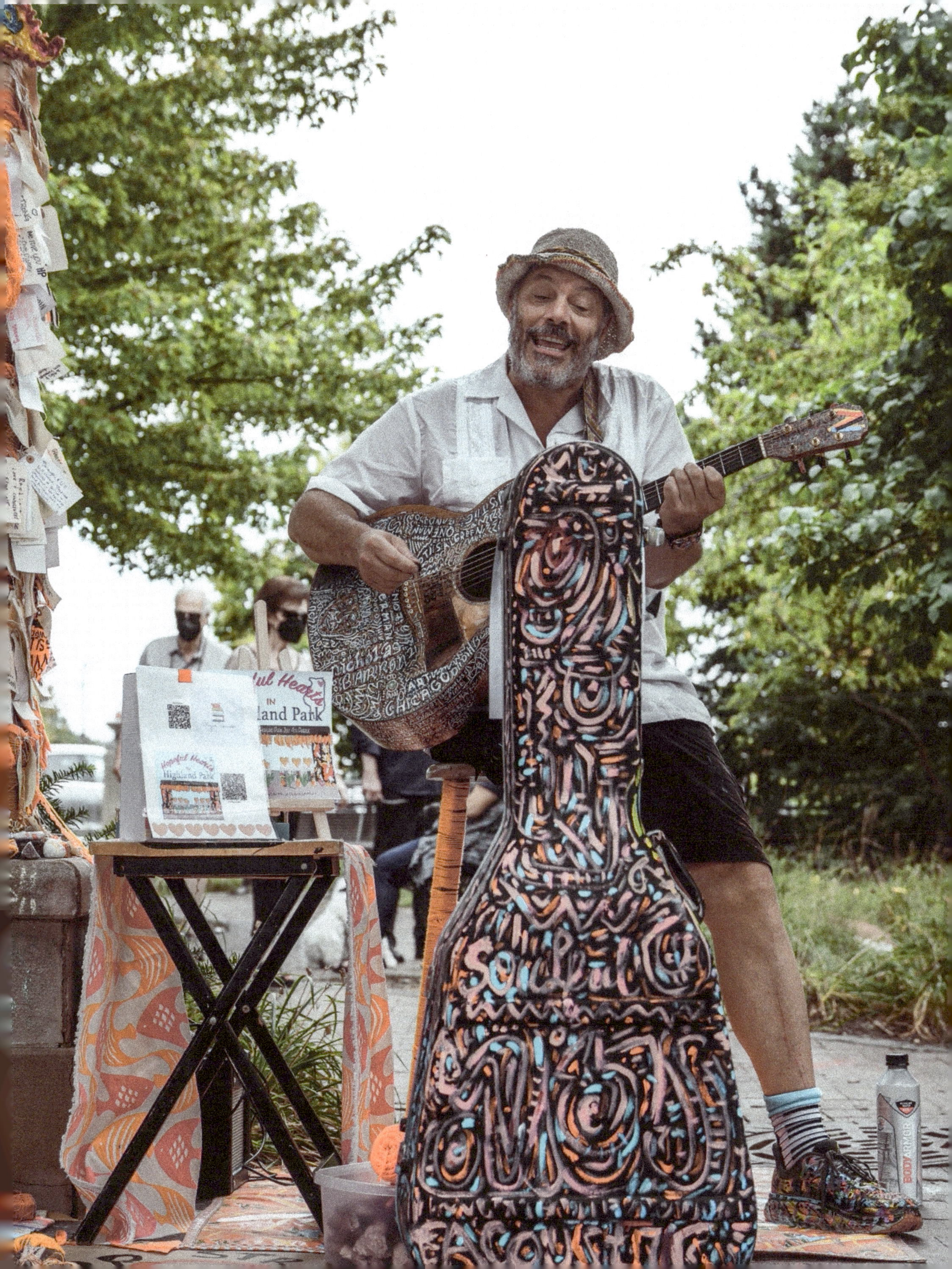
CHICAGO
BODYARMOR

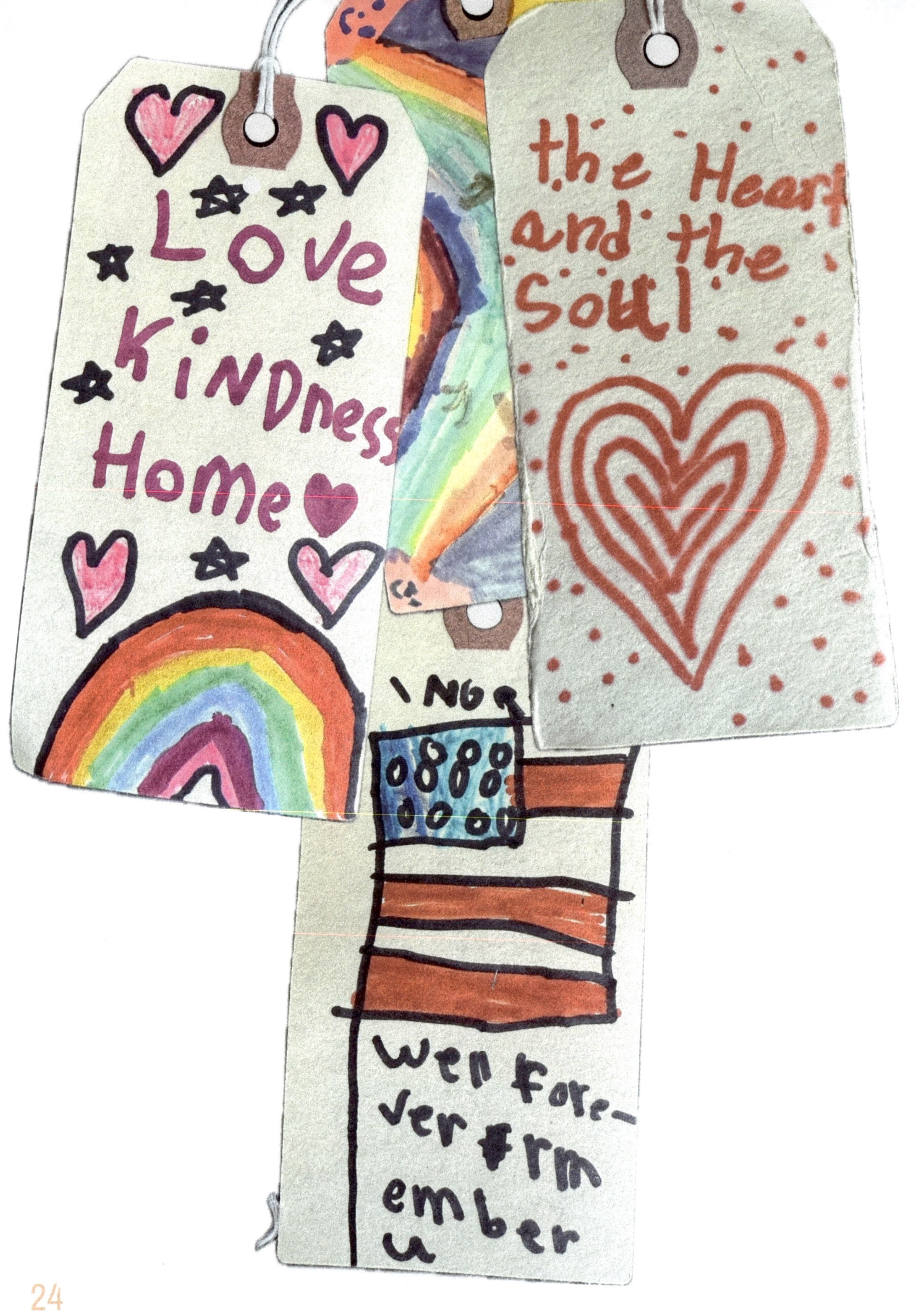
Love
KiNDness
Home
the Heart
and the
Soul!
Well fore-
ver rm
ember
u

The pavilion became a shelter without walls: Light filtered through the glass roof like quiet benedictions. Columns absorbed gifted artifacts like pure, unadulterated oxygen. Carpet squares softened its hard edges, turning the perimeter into long, low benches where neighbors and strangers could sit shoulder to shoulder.

When sirens or backfires pierced the calm, adults would flinch and drop to the ground. The brick held our fear.

Unlike the high school turned trauma center, the memorial offered something gentler and more accessible. No intake forms. No fluorescent lights. No pressure. No wrong way in. Just a quiet invitation:

Are you here?
Are you hurting?
Sit. Stay awhile.

El pabellón se convirtió en un refugio sin muros: La luz se filtraba por el techo de vidrio como bendiciones silenciosas. Las columnas absorbían los objetos ofrecidos como oxígeno puro, sin adulterar. Cuadrados de alfombra suavizaban sus bordes duros, transformando el perímetro en bancas largas y bajas donde vecinos y desconocidos podían sentarse hombro con hombro.

Cuando las sirenas o los estallidos rompían la calma, los adultos se estremecían y se tiraban al suelo. El ladrillo sostenía nuestro miedo.

A diferencia de la preparatoria convertida en centro de trauma, el memorial ofrecía algo más suave y más accesible. Sin formularios de admisión. Sin luces fluorescentes. Sin presión. Ninguna forma incorrecta de llegar. Solo una invitación silenciosa:

¿Estás aquí?
¿Te duele? Siéntate.
Quédate un rato.

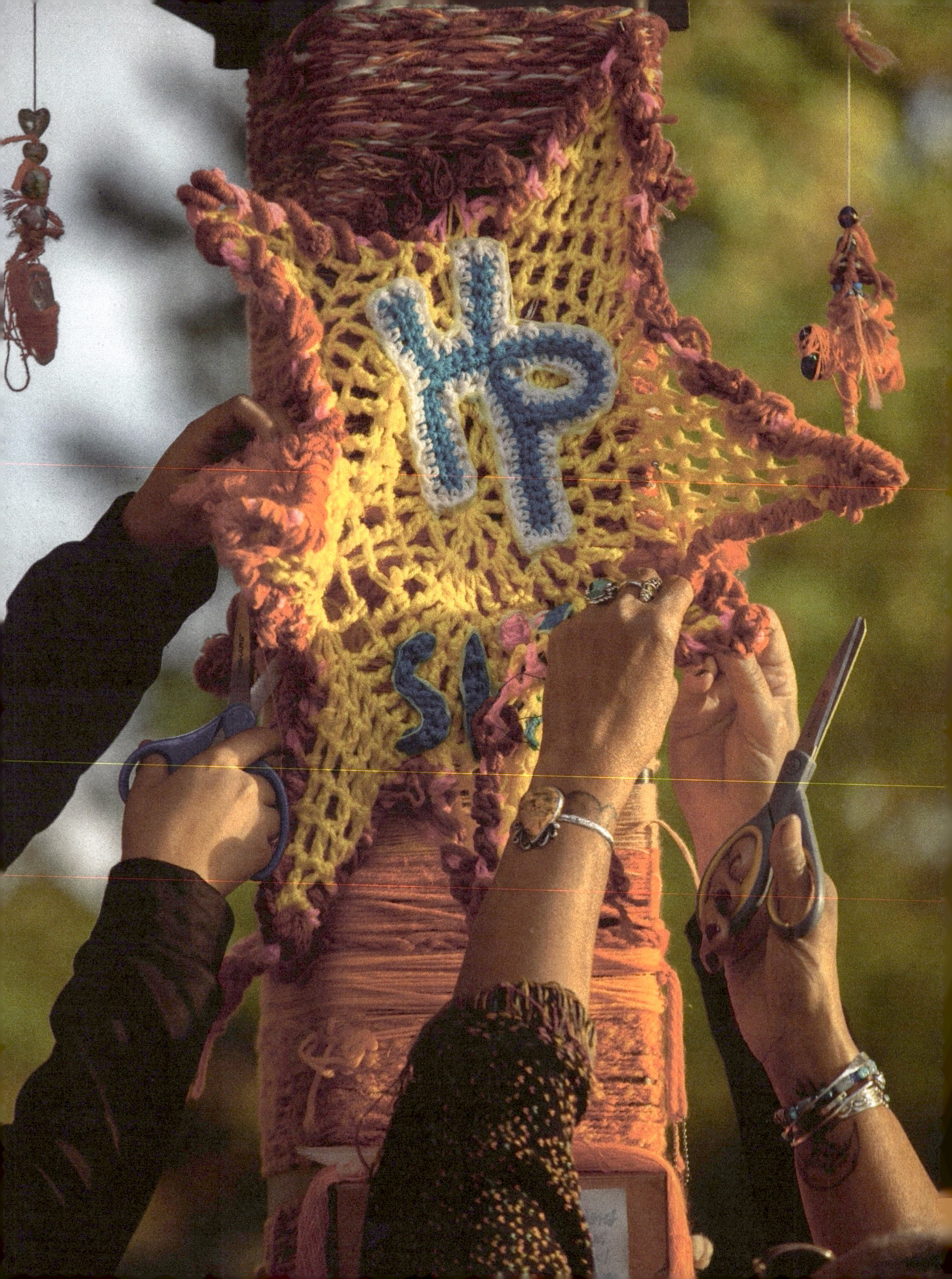
YP

And so, people came. Not in ceremony, but in sandals and strollers, with grocery bags, ice cream cones, and bruised hearts. Here, our sorrow found a place to pause. Here, healing began not with answers, but with space.

Thousands of notecards remain — fragments of a journey through grief's broken terrain: shock, sadness, fear, numbness, faith, strength, action, and evolution.

Grief is not linear.
But it leaves a trail.

Y así, la gente llegó. No en ceremonia, sino en sandalias y con carriolas, con bolsas de supermercado, helados en la mano y corazones magullados. Aquí, nuestro dolor encontró un lugar donde hacer una pausa. Aquí, la sanación no comenzó con respuestas, sino con espacio.

Miles de tarjetas permanecen — fragmentos de un viaje a través del terreno fracturado del duelo: el shock, la tristeza, el miedo, el entumecimiento, la fe, la fortaleza, la acción y la transformación.

El duelo no es lineal.
Pero deja un rastro.

This book offers no neat ending. Highland Park's trauma was not unique. The headlines here may have garnered more ink, the images sharper, the horror more concentrated — but the sorrow, the ache, the aftermath — they echo from street corners far beyond our own. Mass shootings are only one terrible note in a far broader opus of loss.

This is that story, too.
What we built was not closure. It was promise:

to remember,
to reckon,
to rise.

Este libro no ofrece un final ordenado. El trauma de Highland Park no fue único. Tal vez aquí los titulares ocuparon más tinta, las imágenes fueron más nítidas, el horror más concentrado — pero la pena, el dolor, las secuelas — resuenan en esquinas mucho más allá de las nuestras. Los tiroteos masivos son solo una nota terrible dentro de una sinfonía mucho más amplia de pérdidas.

Esta también es esa historia.
Lo que construimos no fue un cierre. Fue una promesa:

recordar,
reconocer,
resurgir.

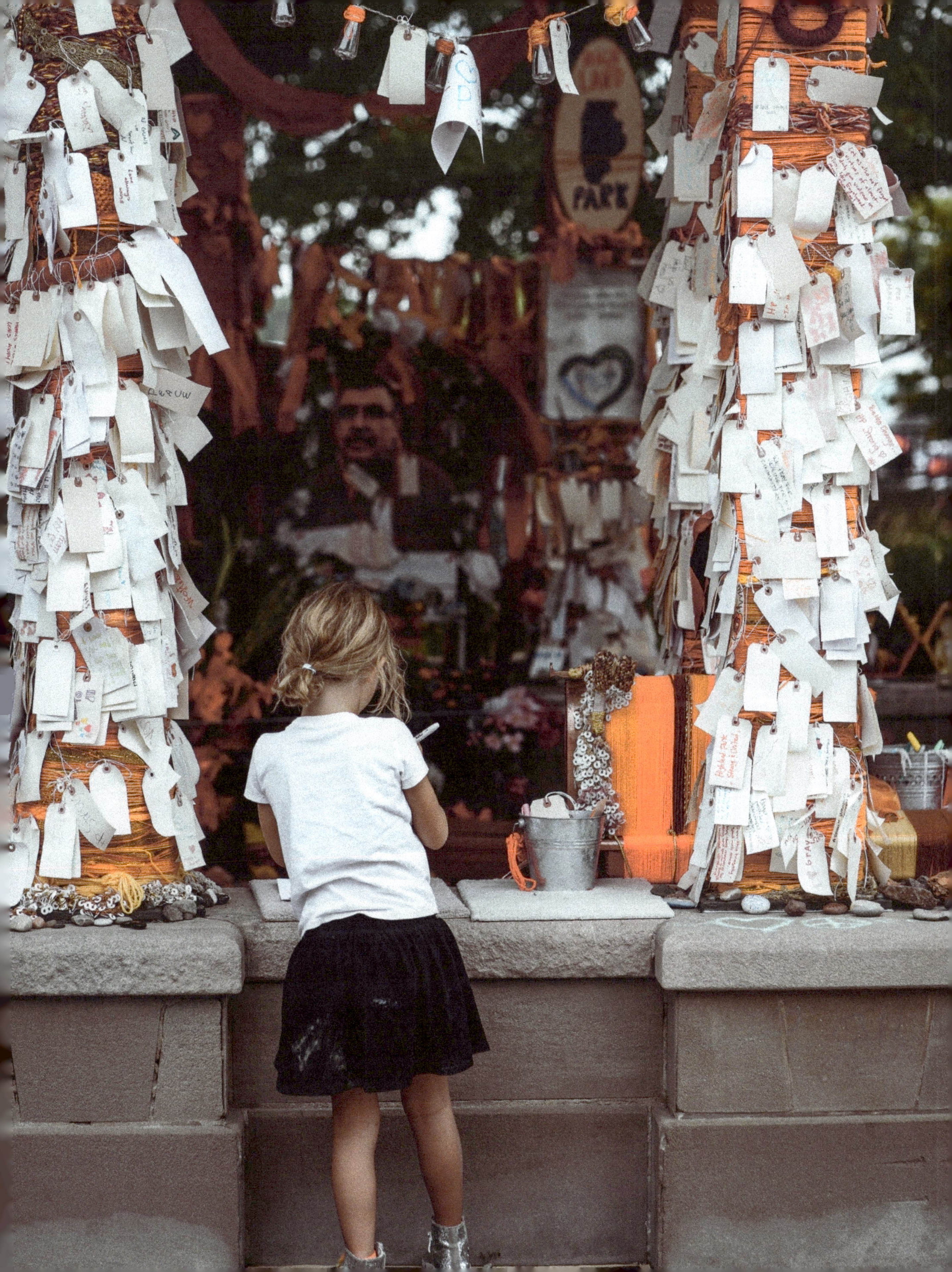
PARK

SHOCK // CONMOCION

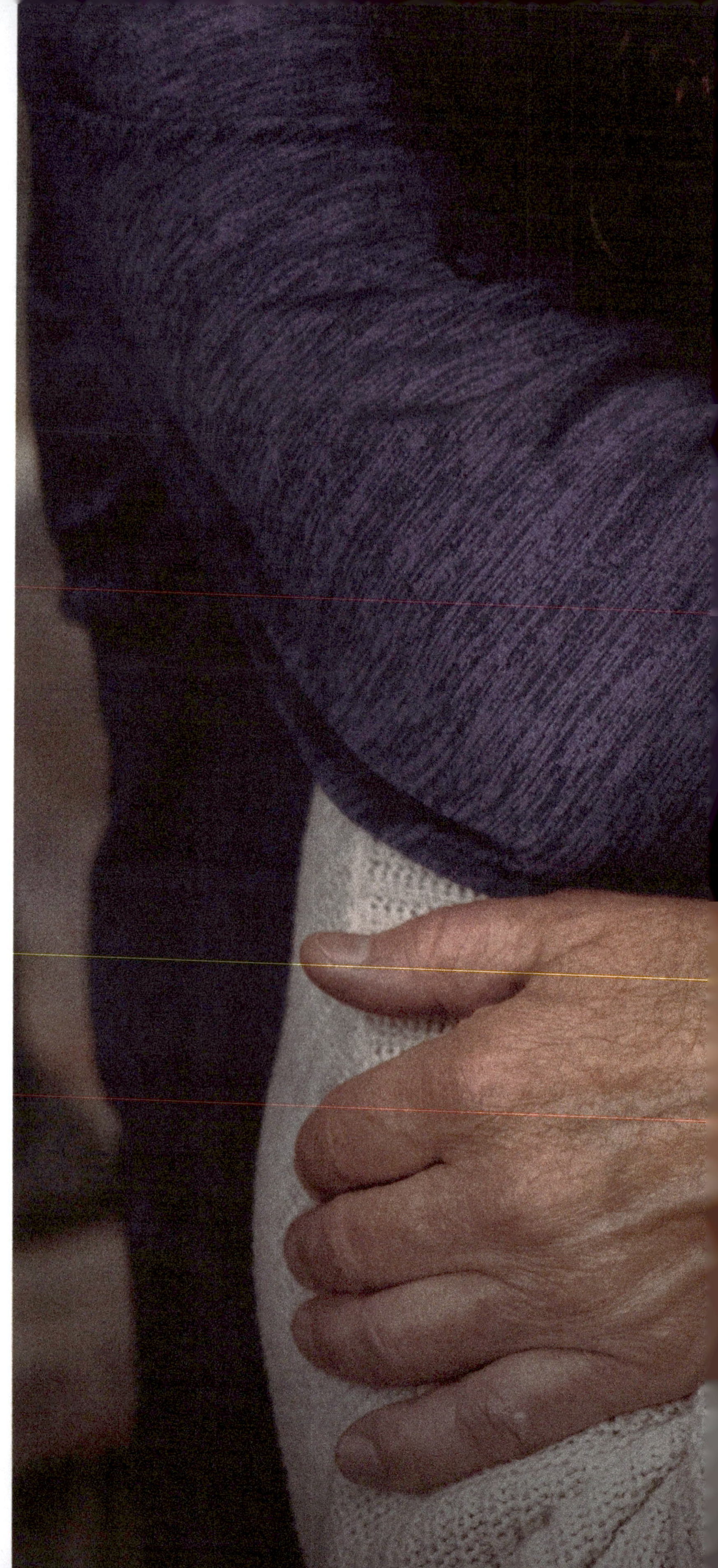

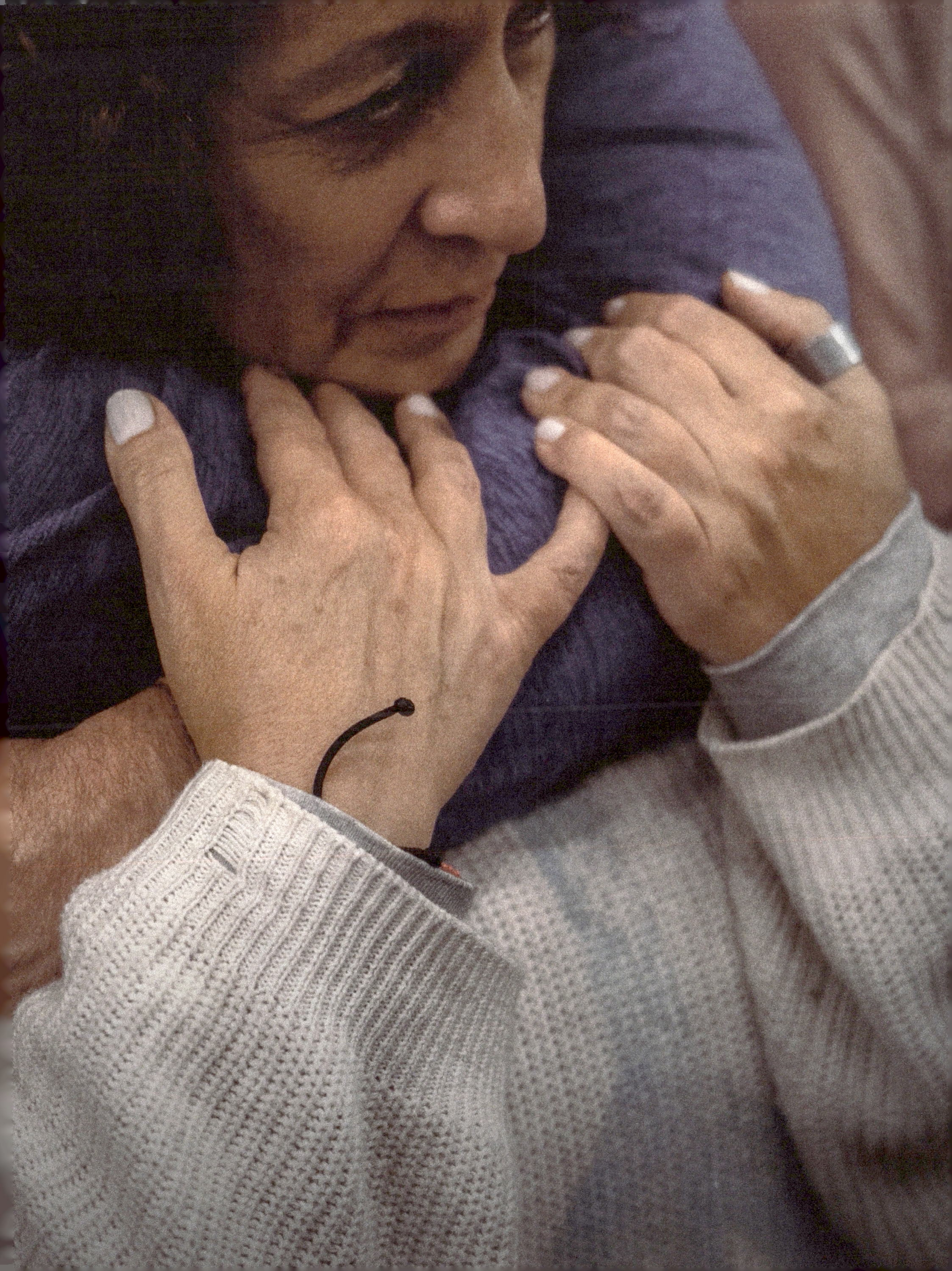

This is where I
grew-up.
I never thought this
could happen here.

There is a moment, just after the sound, when the world refuses to make sense. Not the slow shock of headlines, but a bolt to the bloodstream —

a full-body stillness,
a blackhole collapse of meaning,
an ice axe self-arrest in an avalanche.

Hay un momento, justo después del sonido, en que el mundo se niega a tener sentido. No es el lento desconcierto de los titulares, sino un rayo en la sangre —

una quietud total del cuerpo,
un colapso de significado como un agujero negro,
una piqueta clavada en seco en plena avalancha.

When will it STOP

Never Thought Anything like this would happen in HP, We were wrong, evil has no boundaries

how do you cope with something that never should have happened? Peace and love to all, we need policy change.
#HPStrong

it's not ok. we will never be the same. ♡

I just ran. Wish I could have done more. xo

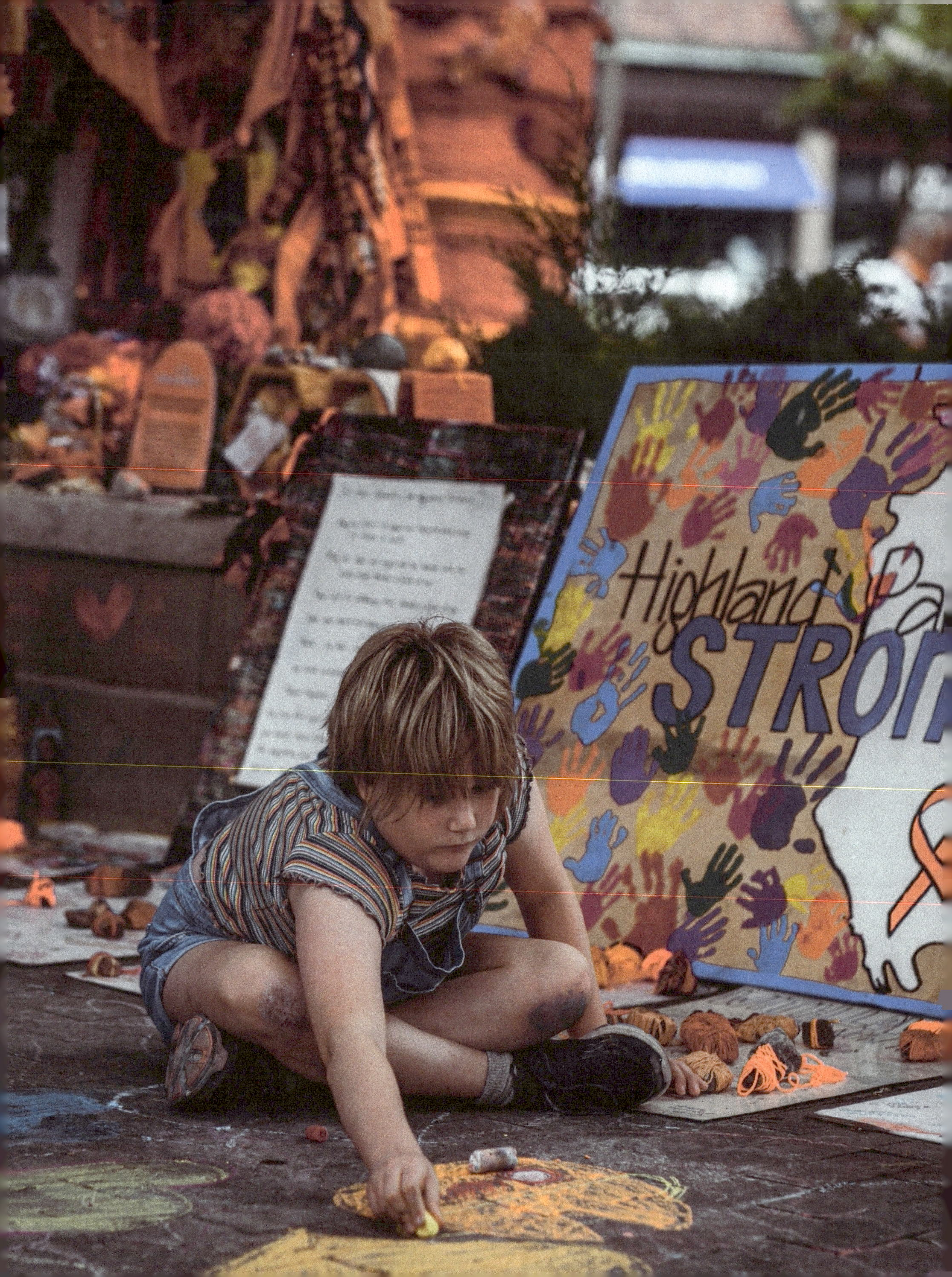
Highland

For children returning from summer camp, disorientation ran deeper. Many were hundreds of miles away when it happened.

Some parents waited to tell them. Others heard in whispers by the campfire. Kids traded friendship bracelets for HP Strong beads and wrote sympathy cards. But the full weight of it only landed when they came home.

New pain.
Old scars.
All of it belonged.

Para los niños que regresaban del campamento de verano, la desorientación fue aún más profunda. Muchos estaban a cientos de millas cuando ocurrió.

Algunos padres esperaron para contarles. Otros lo oyeron en susurros junto a la fogata. Los niños cambiaron pulseras de amistad por cuentas de HP Strong y escribieron tarjetas de condolencia. Pero el peso real solo cayó cuando volvieron a casa.

Dolor nuevo.
Cicatrices antiguas.
Todo tenía un lugar allí.

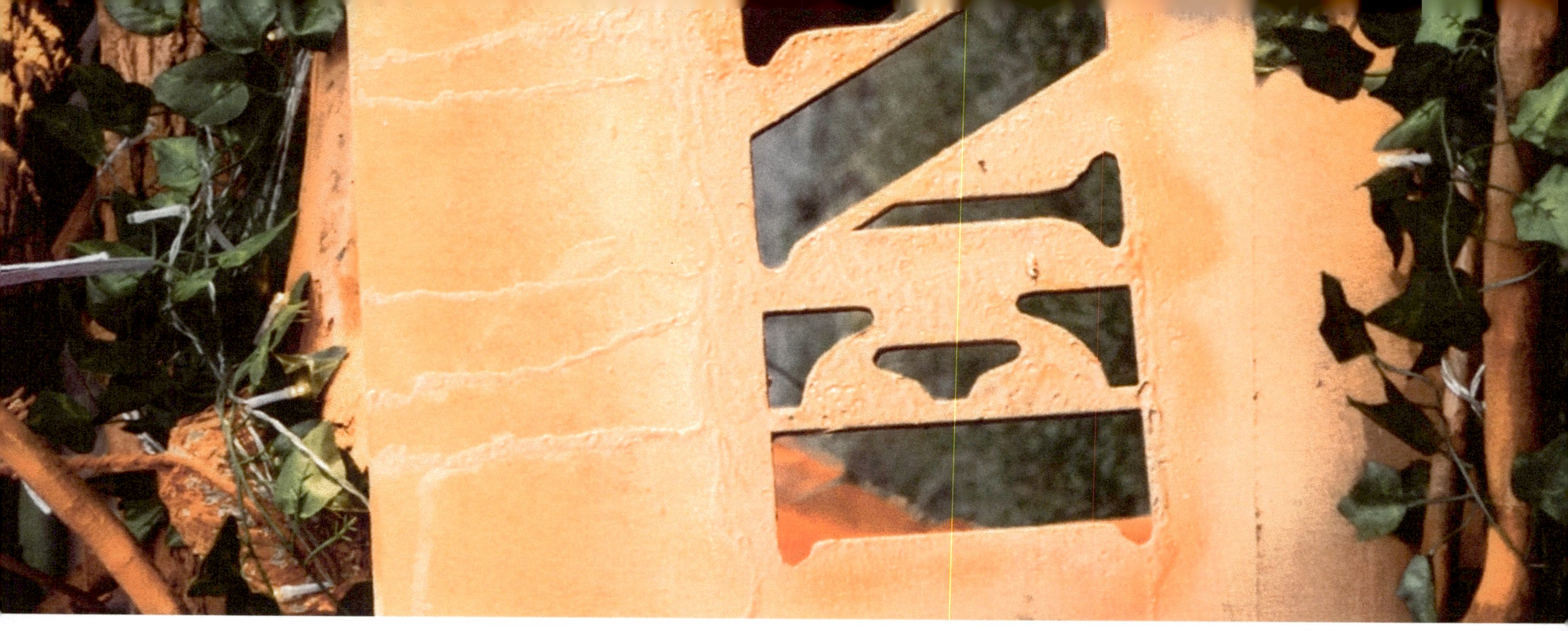

ANGER // ENOJO

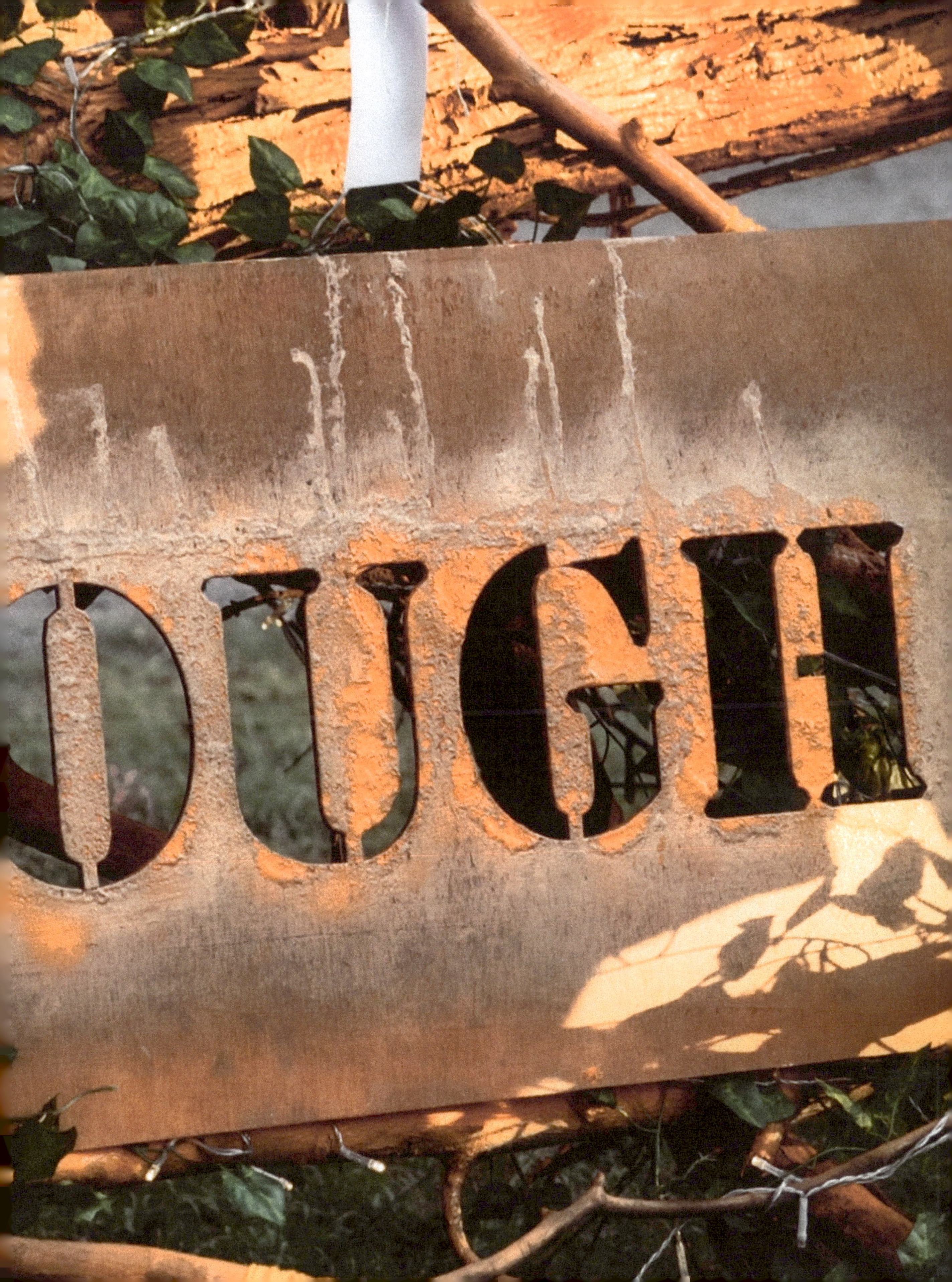
OUGH

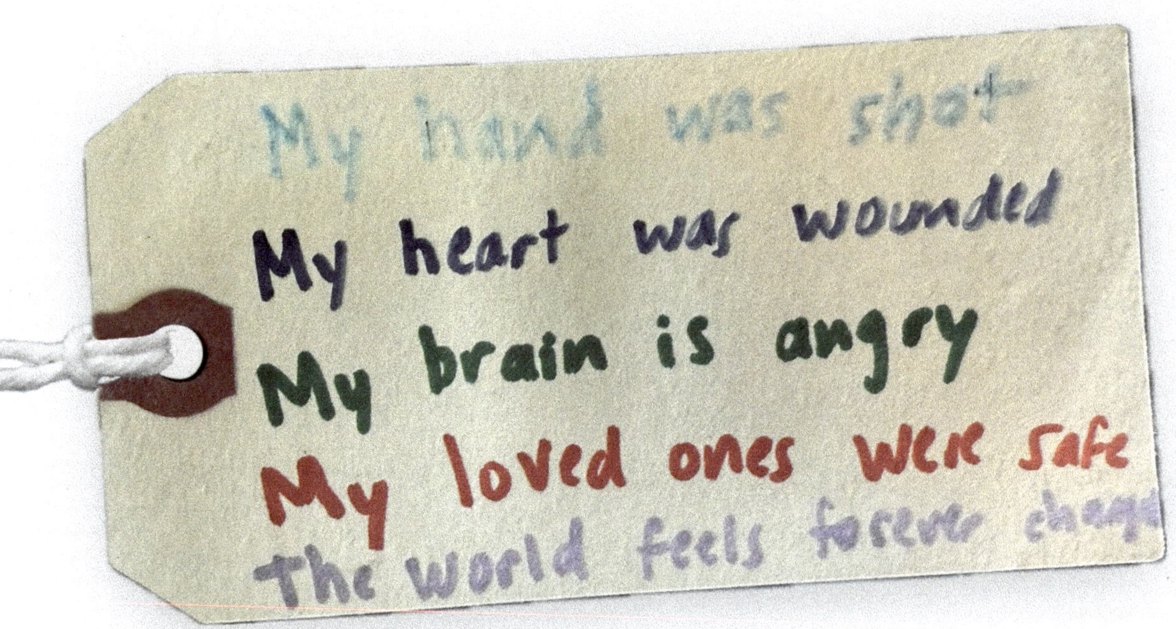

If shock is the body's shield, anger is the soul's refusal to stay quiet. After the shooting, Highland Park fell silent — voices rose.

First a whisper.
Then a tremble. Then a cry.

And then, anger arrived in permanent marker and capital letters, as blistering as the summer heat.

Dense. Unrelenting.

If shock disorients, anger sharpens. It names. It blames. It demands a landing place.

Si la conmocióm es el escudo del cuerpo, el enojo es el alma negándose a callar. Después del tiroteo, Highland Park enmudeció — y entonces las voces se alzaron.

Primero un susurro. Luego un temblor. Después, un grito.

Y luego, el enojo llegó en marcador permanente y letras mayúsculas, tan abrasadora como el calor del verano.

Densa. Incesante.

Si la conmoción desorienta, el enojo enfoca. Nombra. Señala. Exige un lugar donde caer.

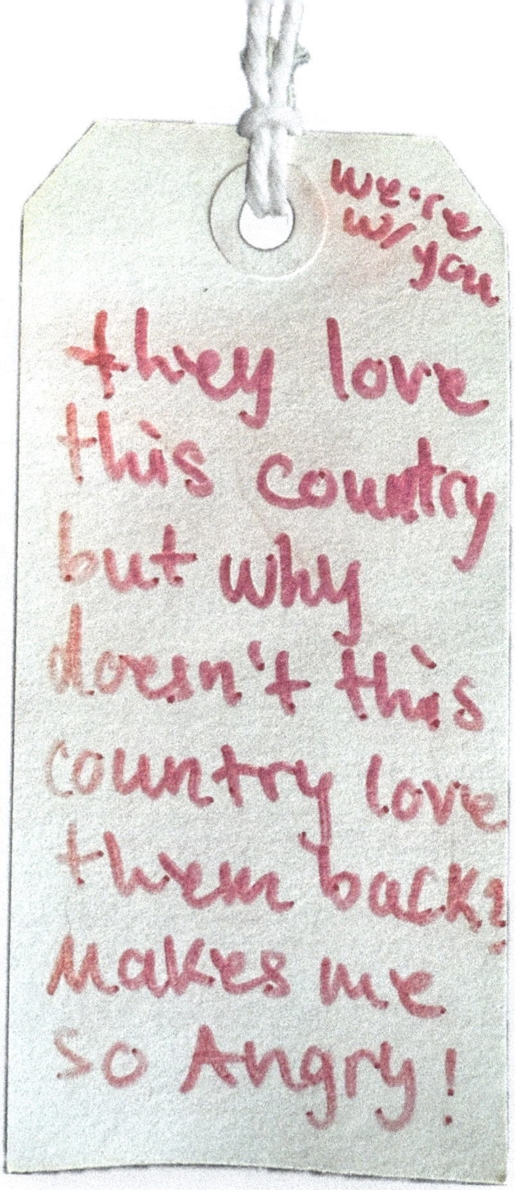

In a place that stood up to pass one of the nation's first municipal assault weapons bans, how could this happen? We rallied. We warned. We shouted that no place was immune. Still, it came for us. Still, it wasn't enough.

En un lugar que alzó la voz para aprobar una de las primeras prohibiciones municipales de armas de asalto en el país, ¿cómo pudo pasar esto? Nos movilizamos. Advertimos. Gritamos que ningún lugar era inmune. Aun así, vino por nosotros. Aun así, no fue suficiente.

I hope the legal system gives the gunman what he deserves.

nobody derserves this robert Chrimo runied alot of lives he needs to be guilty and needs a death penalty he runied my family its not going to be the Some ILY Poly

Some blamed the shooter. Others, his parents. Many blamed the system. An epic, systemic failure, layered and long in the making.

Algunos culparon al tirador. Otros, a sus padres. Muchos más señalaron al sistema. Una falla épica, estructural, tejida con años de negligencia.

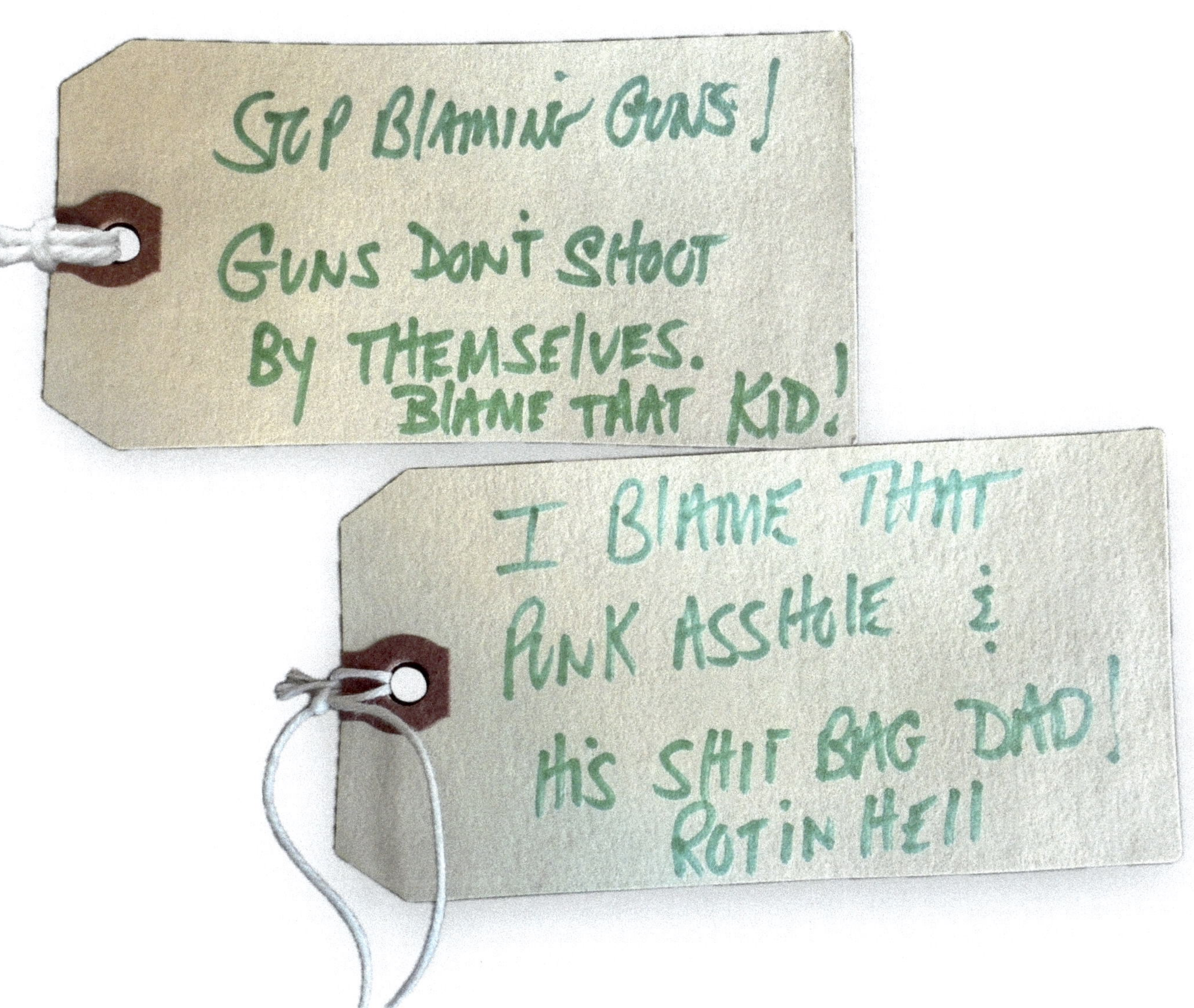

As the memorial grew, so did its charge. Mourning became a crucible. There were tears. Arguments. Scripture hurled sideways.

A medida que crecía el memorial, también lo hacía su carga. El duelo se convirtió en un crisol. Hubo lágrimas. Discusiones. Versículos lanzados de lado como piedras.

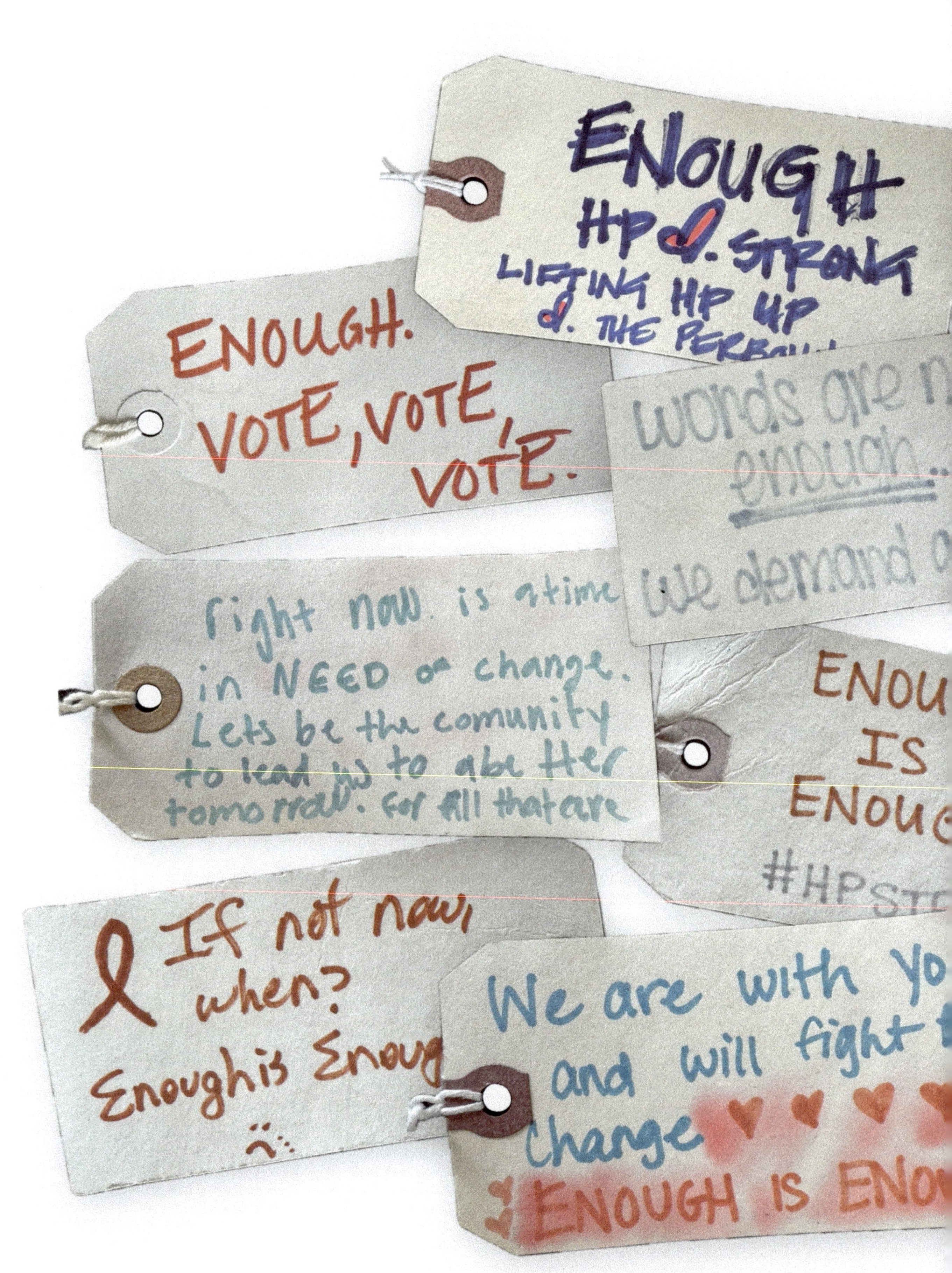
ENOUGH
HP. STRONG
LIFTING HP UP
THE PERSON
ENOUGH.
VOTE, VOTE, VOTE.
words are not enough...
We demand
right now is a time in NEED of change. Lets be the comunity to lead us to a better tomorrow. for all that are
ENOU IS ENOU
#HPSTR
If not now, when?
Enough is Enoug
We are with you and will fight change
ENOUGH IS ENOU

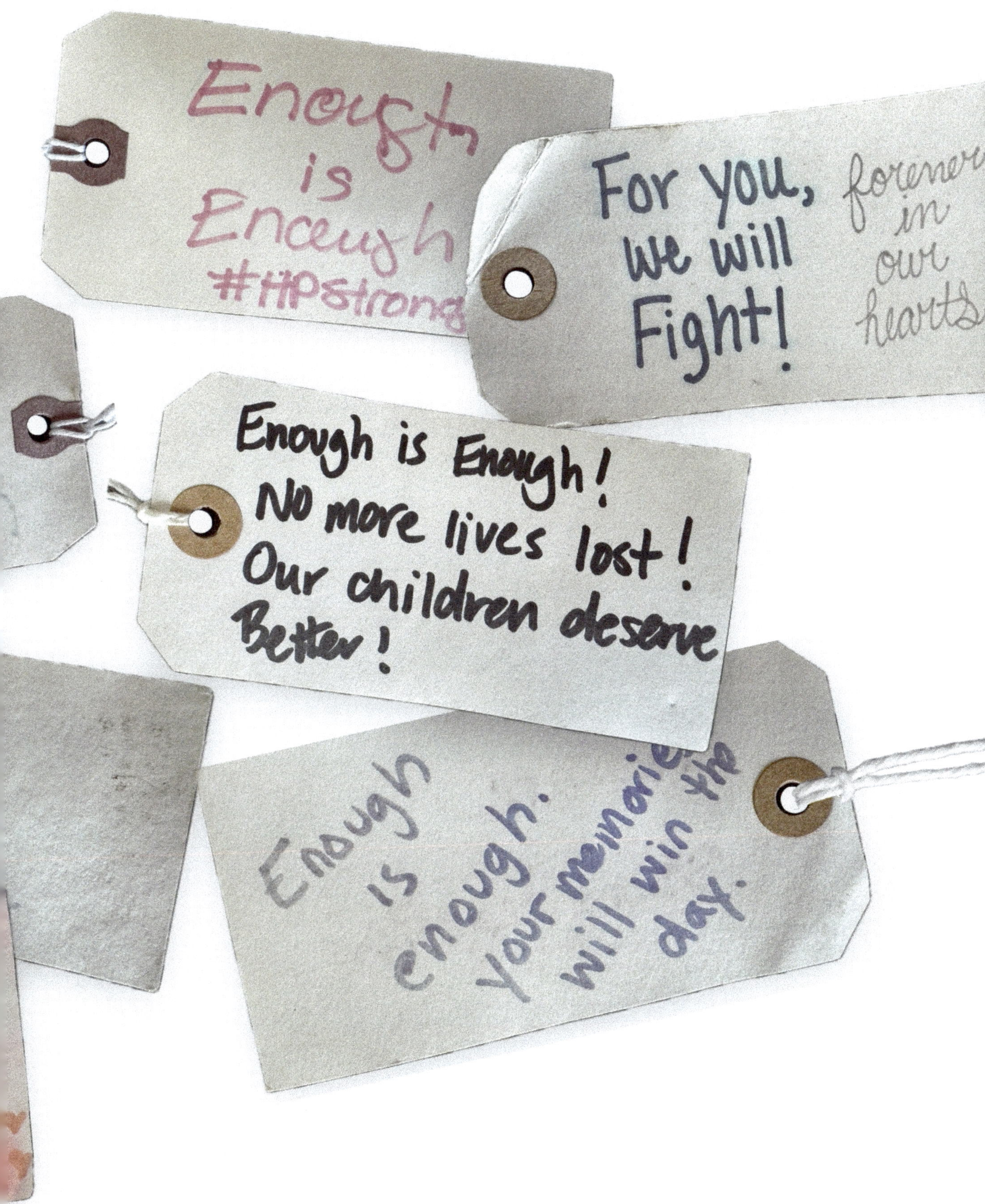
Enough
is
Enough
#HPstrong
For you,
we will
Fight!
forever
in
our
hearts
Enough is Enough!
No more lives lost!
Our children deserve
Better!
Enough
is
enough.
Your memories
will win the
day.

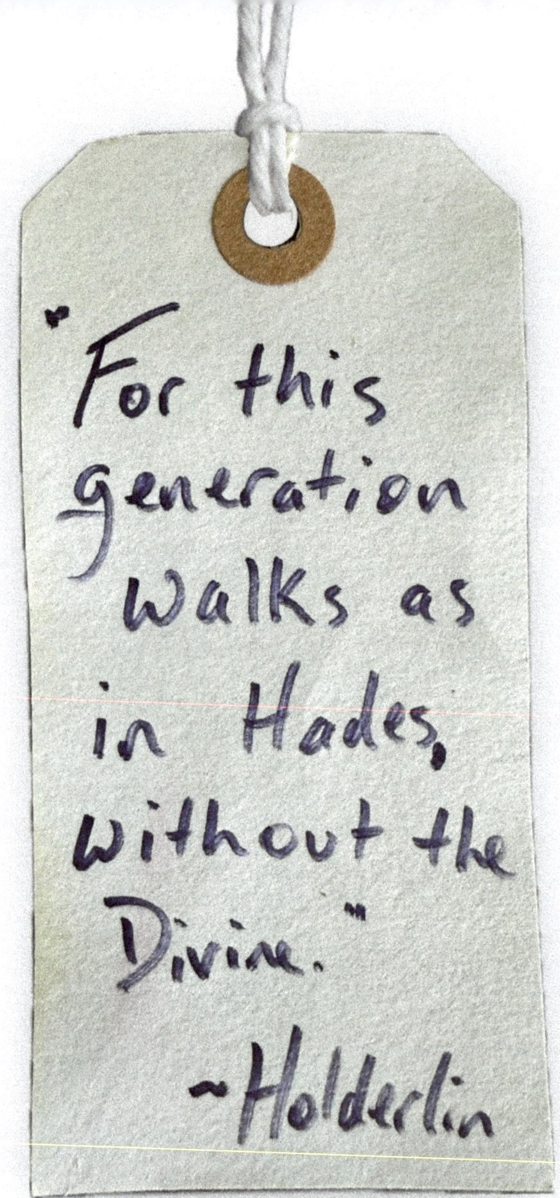

Anger isn't polite. It doesn't comfort. It sears.

But it also clarifies, burning through illusion, making space for action.

The notes left behind were messy. Raw. Furious. Heartbreaks refusing to harden.

El enojo no es cortés. No consuela. Quema. Pero también aclara, quema las ilusiones, y abre espacio para la acción.

Las notas que quedaron eran caóticas. Crudas. Furiosas. Corazones rotos que se negaban a endurecerse.

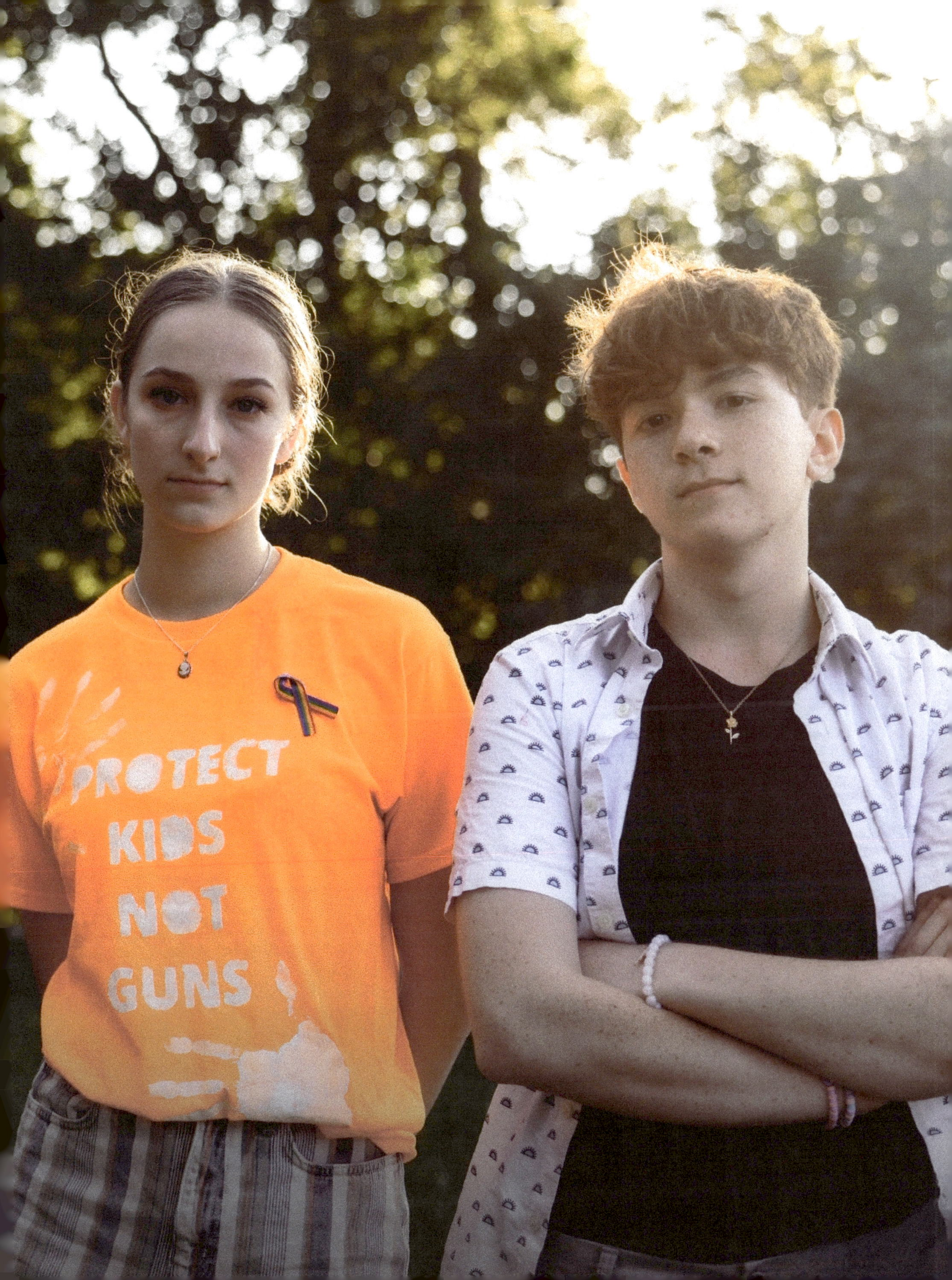
PROTECT
KIDS
NOT
GUNS

SADNESS // TRISTEZA

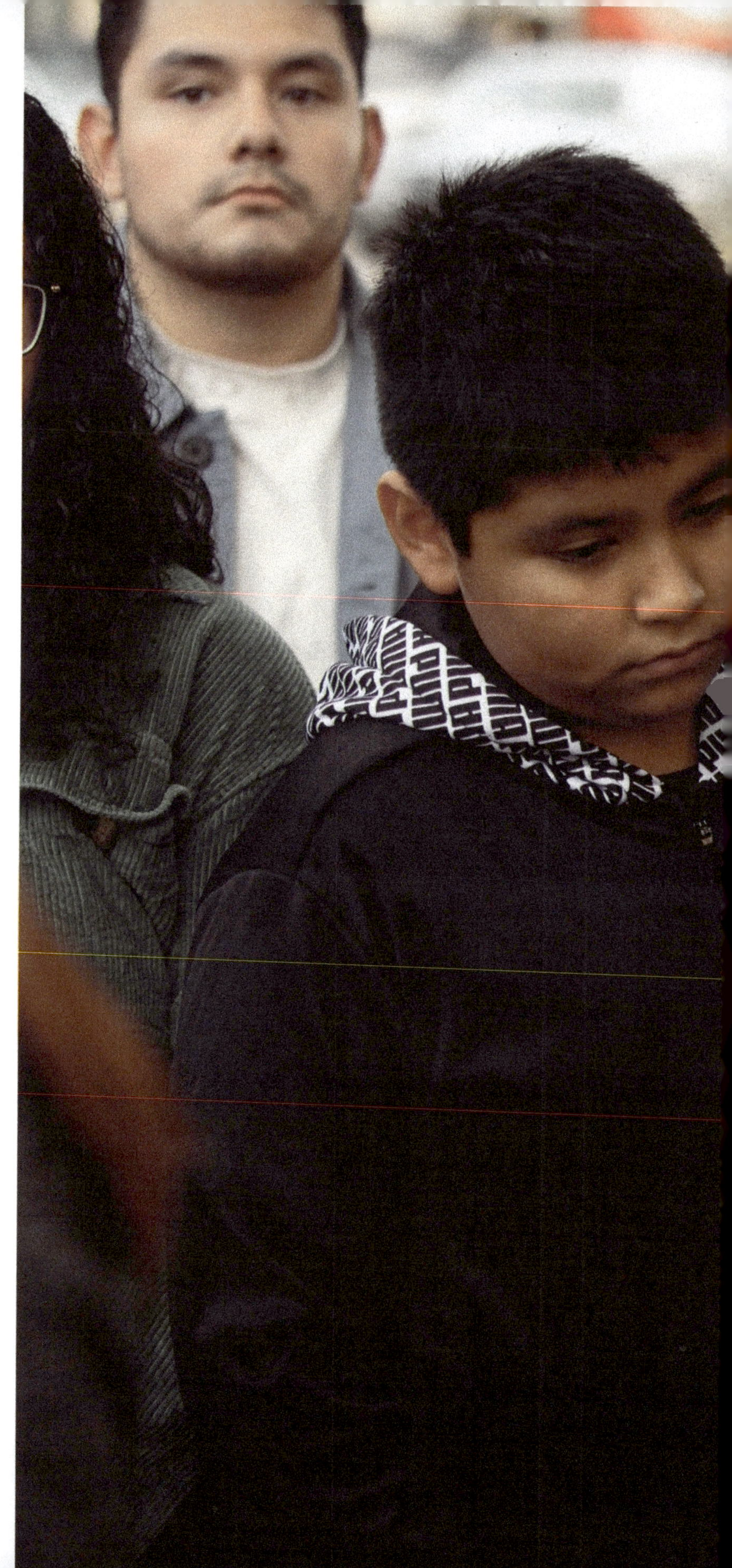

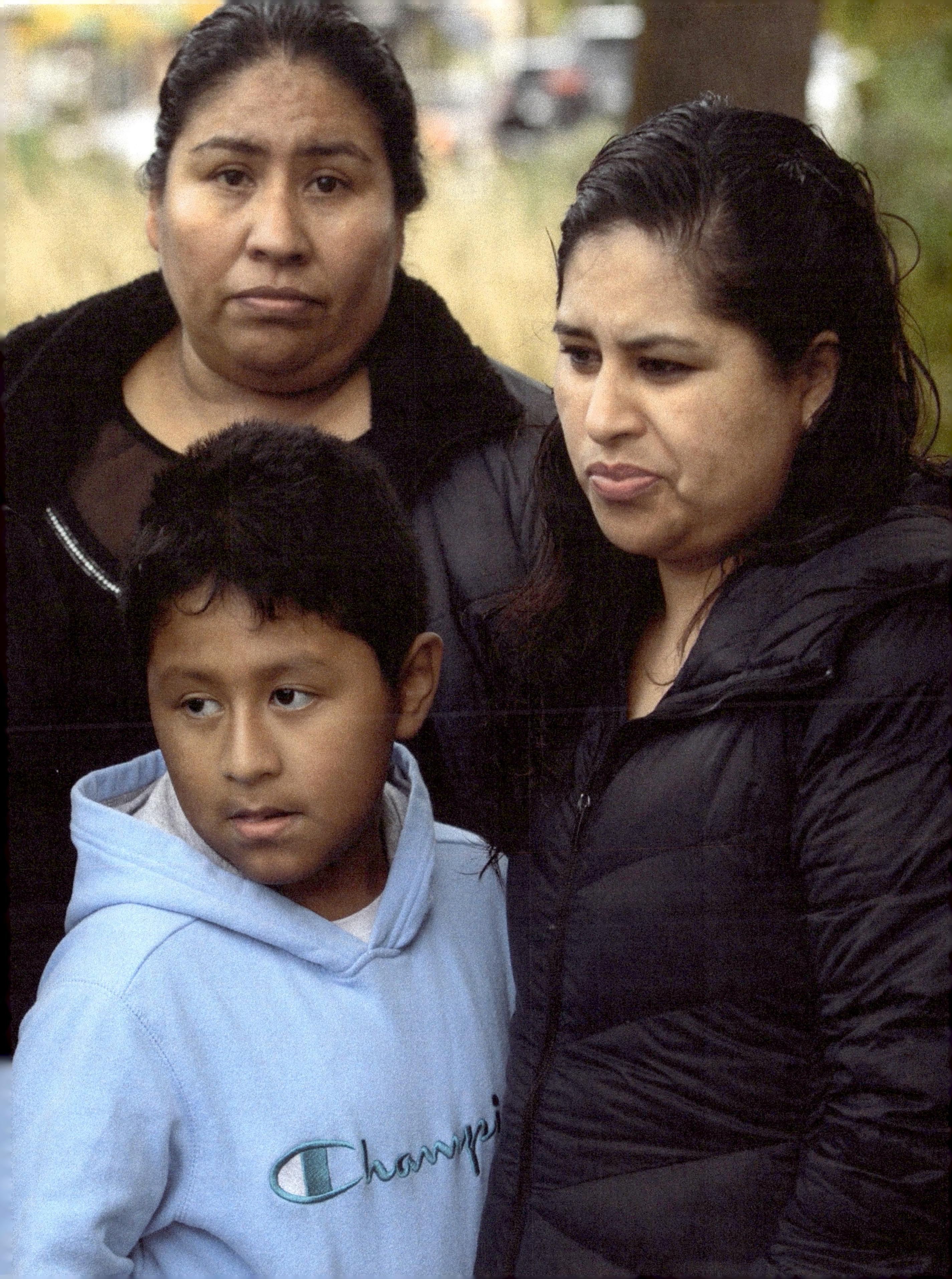
Champi

Ahora esta con dios. Ohala usted X mi Papa se hagan grandes amigos. Cuiden de nostros.
Karina Mendez Uvaldo.

We love you and miss you so so much!

que Dios lo Tenga Gozando de Su Presencia
Chelis + Natalia

gane en los sports.
Love you Papi
Kari

I miss you so much papi I wish this never happend to you Im in so much pain papi now I can't sing with you after school
-Sophia

8.21.22
Papi,
It hasn't gotten easier. I miss you so much. I need you. I love you! T.

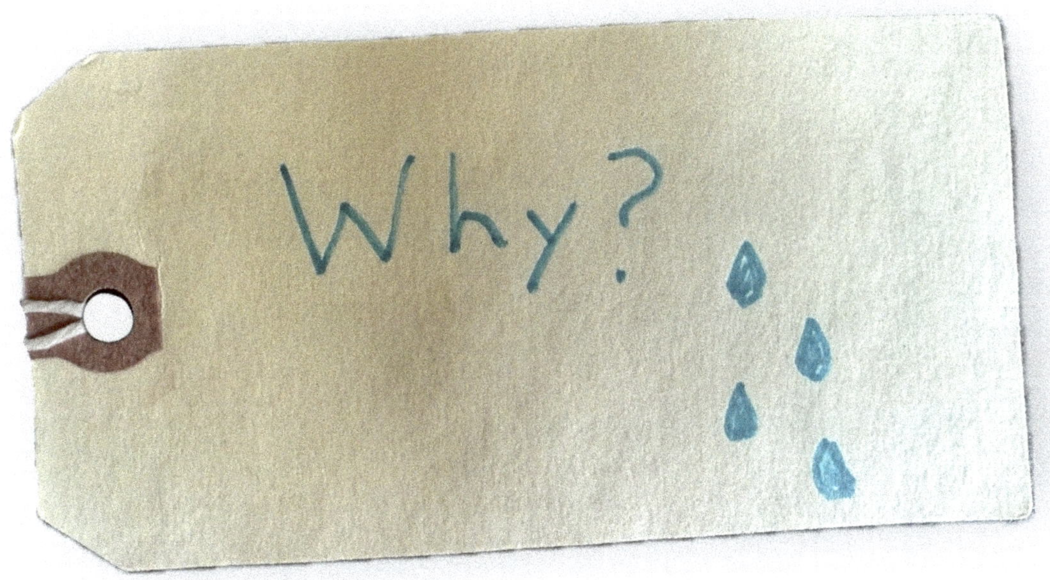

If shock was the tremor and anger the blaze, sadness was the riptide that followed — not a wave, but a drag beneath the surface. It pulled slow, steady, without mercy.

Si la conmoción fue el temblor y el enojo el incendio, la tristeza fue la resaca que vino después — no una ola, sino un arrastre bajo la superficie. Tiraba lento, constante, sin piedad.

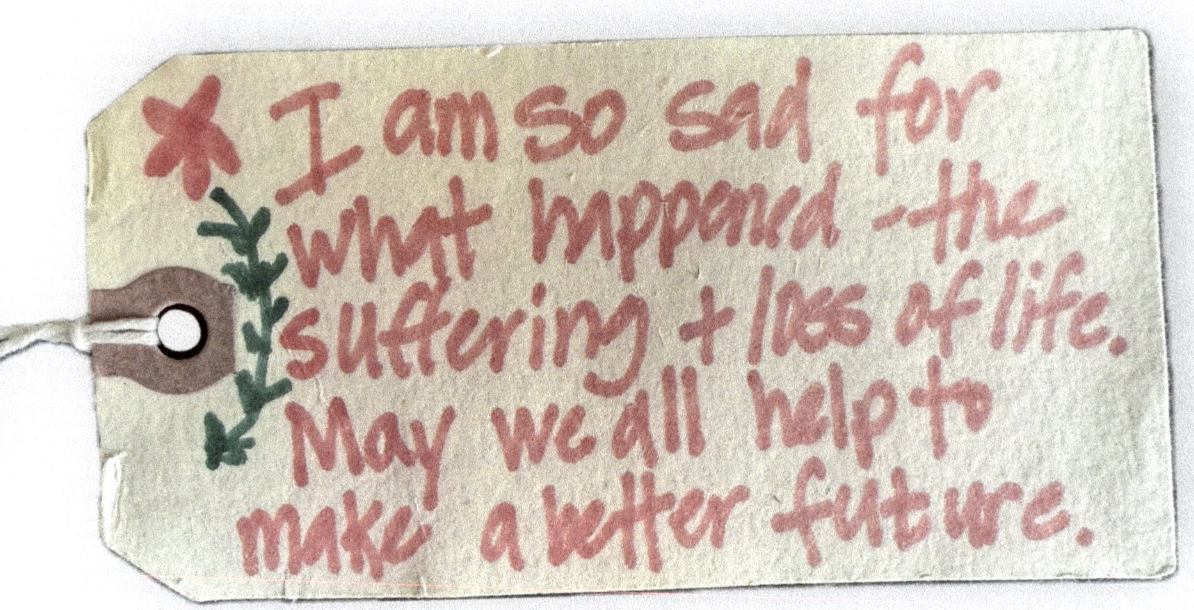

It waited — for casseroles to cool, for cameras to vanish, for the country to look away.

Then, came the undertow. A primordial crocodile death roll — grief twisting tight around the ribs, pulling breath and bearing down, until you didn't know which way was up, only that you were under.

Spun and stilled.
Held and undone.

Esperaba — a que se enfriaran las cazuelas, a que desaparecieran las cámaras, a que el país mirara hacia otro lado.

Y entonces llegó el remolino. Una condena a muerte por un cocodrilo — la pena retorciéndose con fuerza alrededor de las costillas, robando el aliento y empujando hacia abajo, hasta que ya no sabías dónde estaba la superficie, solo que estabas debajo.

Girando y quieto.
Sostenido y desatando.

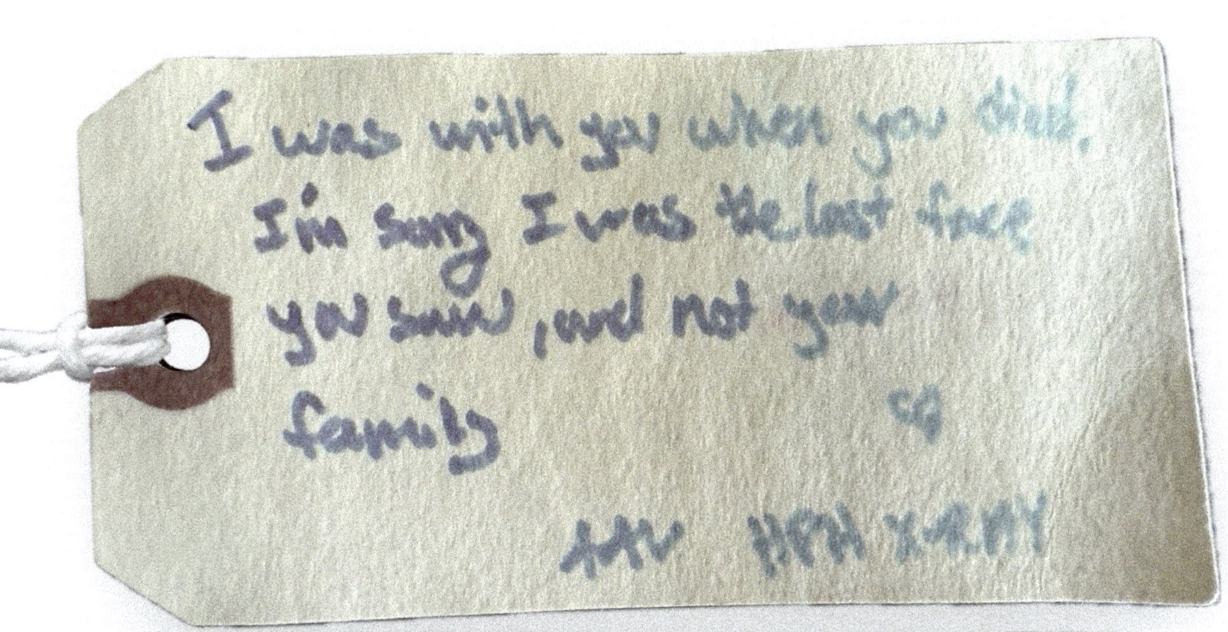

There are no words!
The sadness I feel
for the victims &
their families cannot
be understated. We
will heal as a country
if we remember we are
more similar than different

estoy escribiendo y viendo,
Dios Dales mucha
fuerza a los sobrevivientes
y familiares! NO Mas
Armas y mas Ayuda

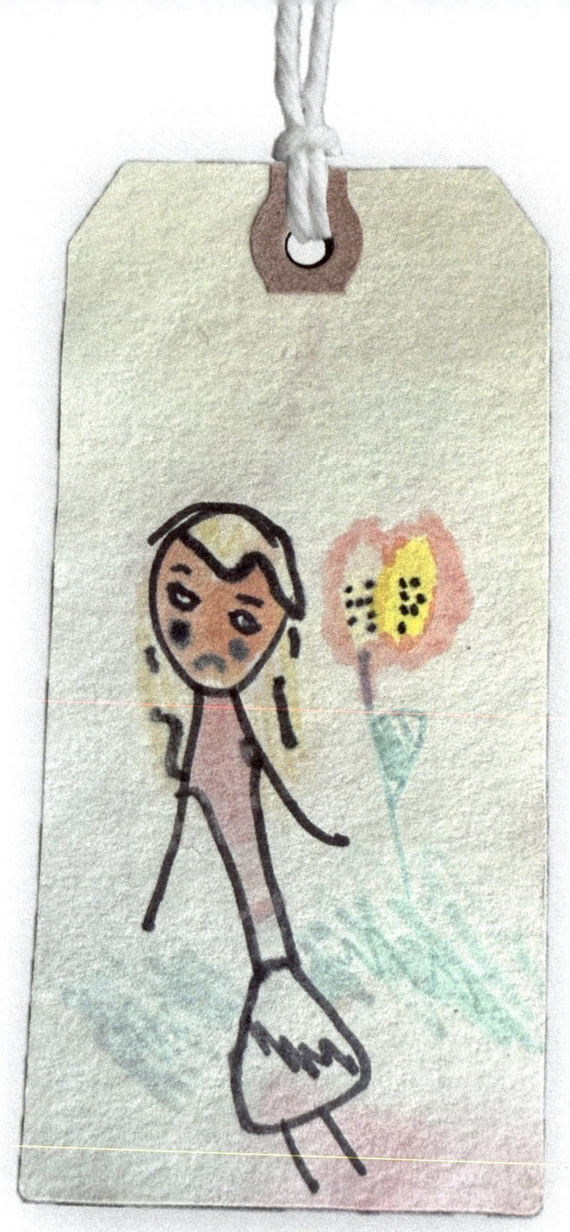

If anger drives us outward, sadness draws us in. It touches the wound without rushing to heal it. It names what was lost — Faces, laughter, the mundane moments. In sadness, we weren't asked to fix or explain. Only to remain human.

And so we did.

Si el enojo nos lanza hacia afuera, la tristeza nos lleva hacia adentro. Toca la herida sin apresurarse a sanarla. Nombra lo que se perdió — Rostros, risas, los momentos cotidianos. En la tristeza, no se nos pidió arreglar ni explicar. Solo permanecer humanos.

Y así lo hicimos.

Jacki was here
for everyone.
Now it's our
turn to be here
for you now. Always

YOU WILL NEVER BE
FORGOTTEN

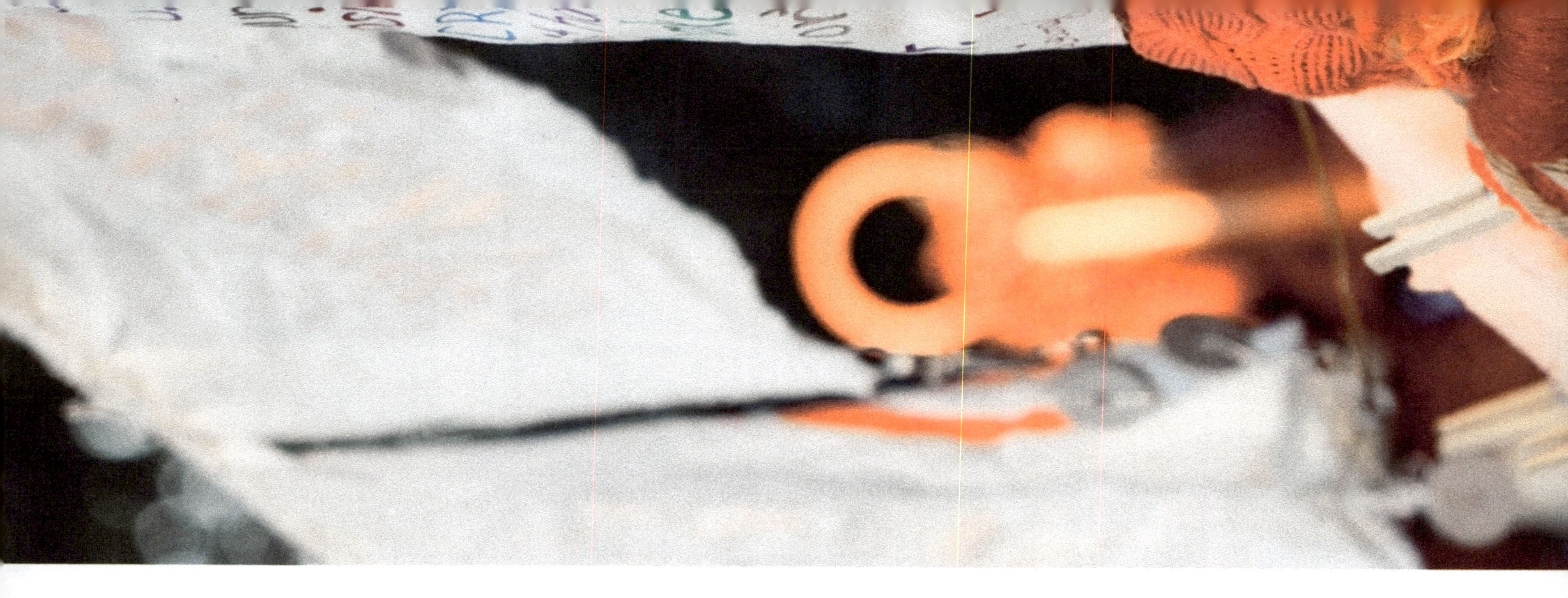

FEAR // MIEDO

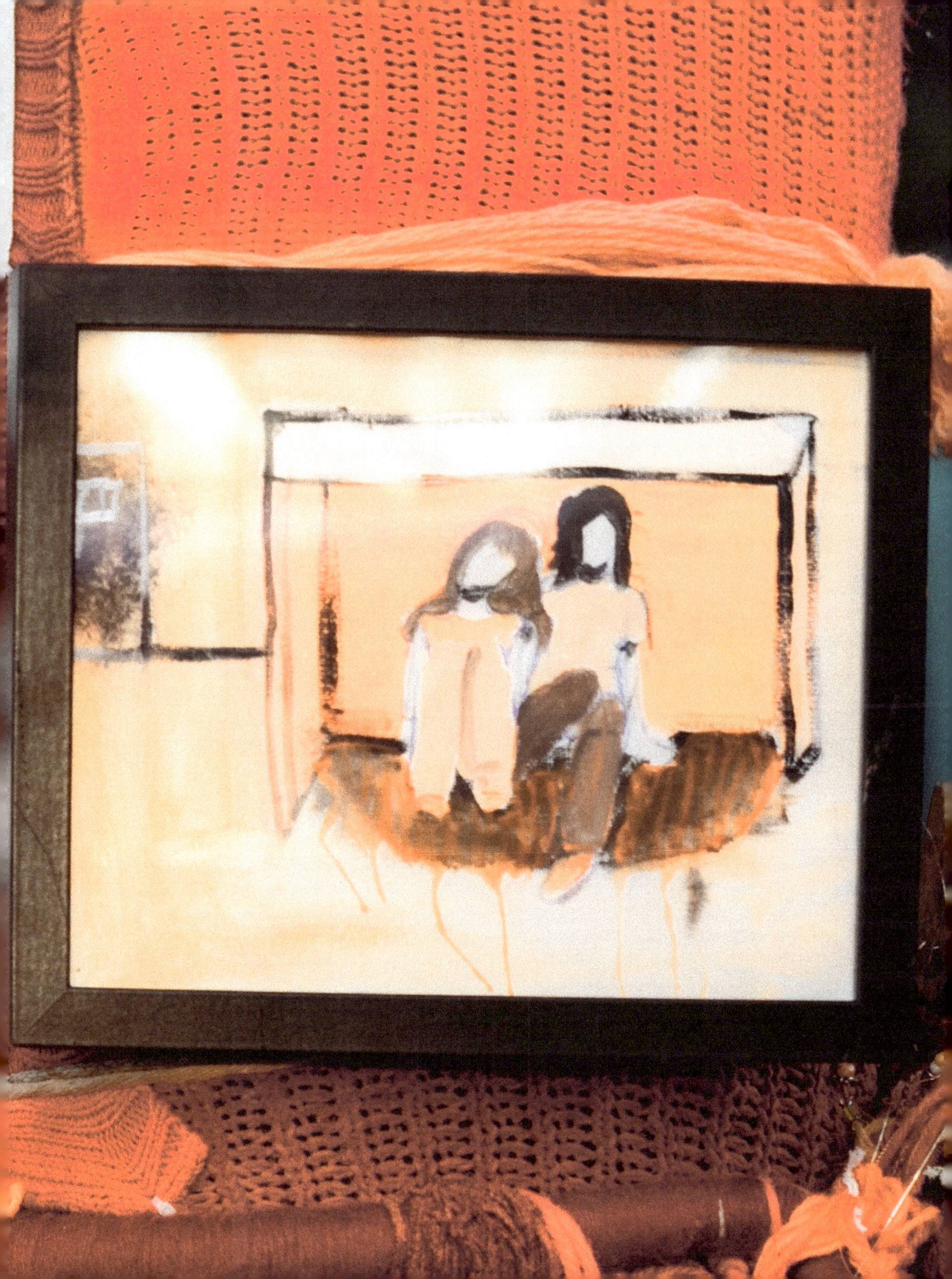

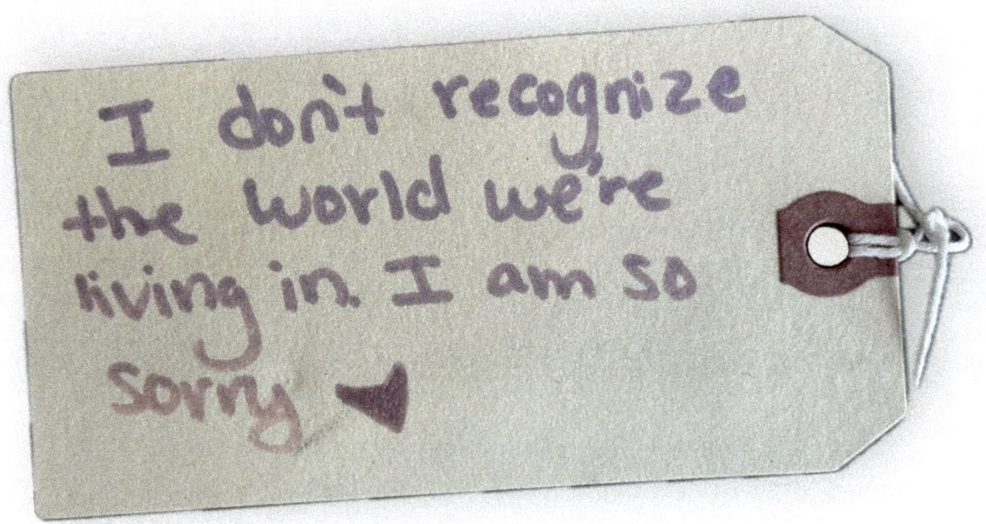

Fear is what metastasizes when safety vanishes.

In the days after the shooting, it hovered like a second shadow. You could see it — In the way people moved, tentative, scanning rooftops, arms wrapped tightly around children. Some came only at night. Many cried, admitting they no longer felt safe in crowds, in the simple rituals of before.

Fear seeped in quietly. Not just the fear of a copycat gunman, though that haunted us too.

It was the fear of rupture — The knowledge that Highland Park, once thought immune, had changed forever.

El miedo es lo que se metastatiza cuando la seguridad desaparece.

En los días posteriores al tiroteo, flotaba como una segunda sombra. Podías verlo — En la forma en que la gente se movía, vacilante, escaneando los tejados, con los brazos fuertemente envueltos alrededor de sus hijos. Algunos venían solo de noche. Muchos lloraban, admitiendo que ya no se sentían seguros en multitudes, en los rituales simples de antes.

El miedo se filtró en silencio. No solo el miedo a un imitador armado, aunque esa posibilidad también nos rondaba.

Era el miedo a la ruptura — El saber que Highland Park, alguna vez considerado inmune, había cambiado para siempre.

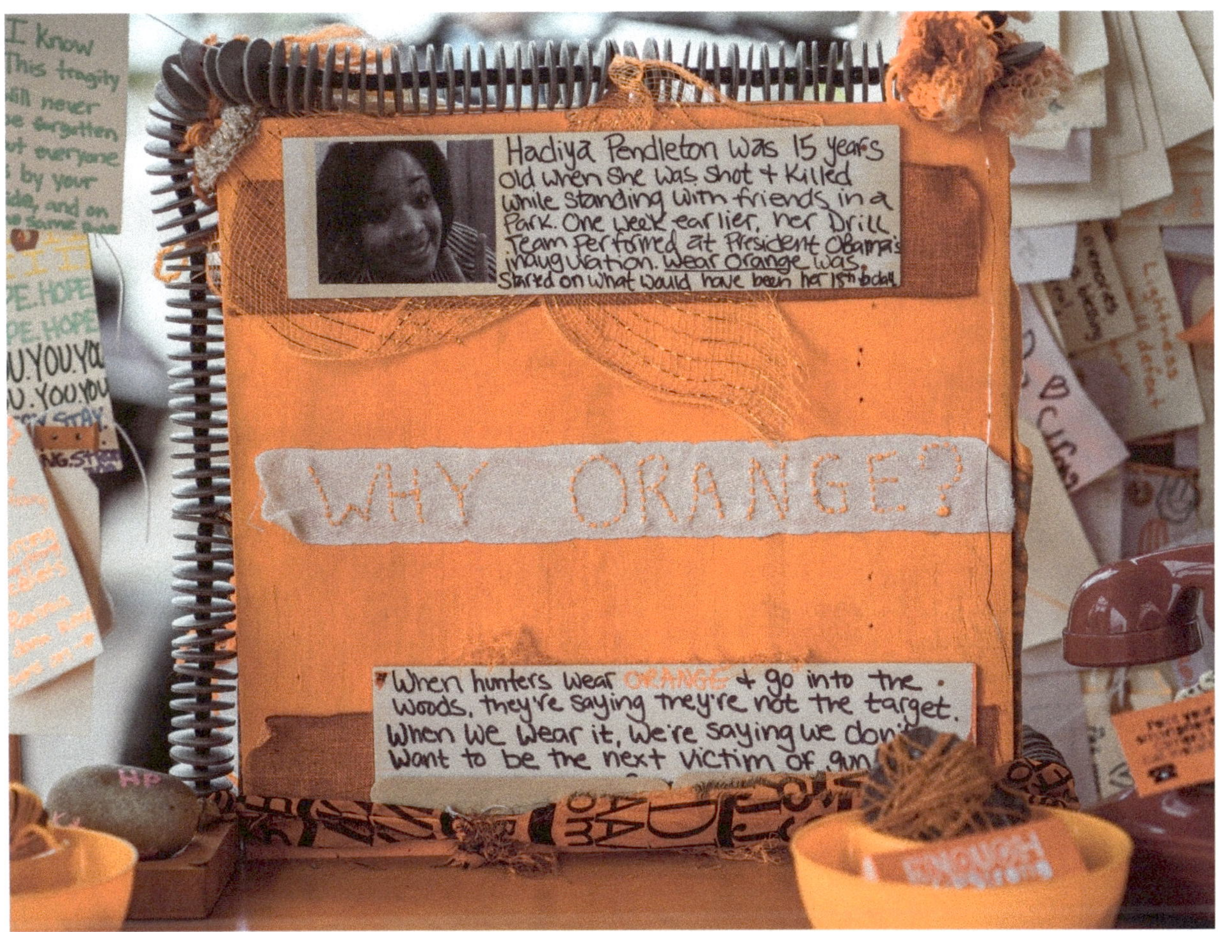

When violence erupts in the middle, fear threads itself into everything. It follows children into classrooms. It waits in grocery aisles. It curls beneath blankets at bedtime. The familiar becomes suspect. The ordinary, undone.

And yet — amid the trembling, the memorial offered something unexpected: Stillness.

Cuando la violencia estalla en el medio, el miedo se enhebra en todo. Sigue a los niños a las aulas. Espera en los pasillos de los supermercados. Se acurruca debajo de las colchas a la hora de acostarse. Lo familiar se vuelve sospechoso. Lo ordinario, deshecho.

Y sin embargo, en medio del temblor, el memorial ofrecía algo inesperado: Quietud.

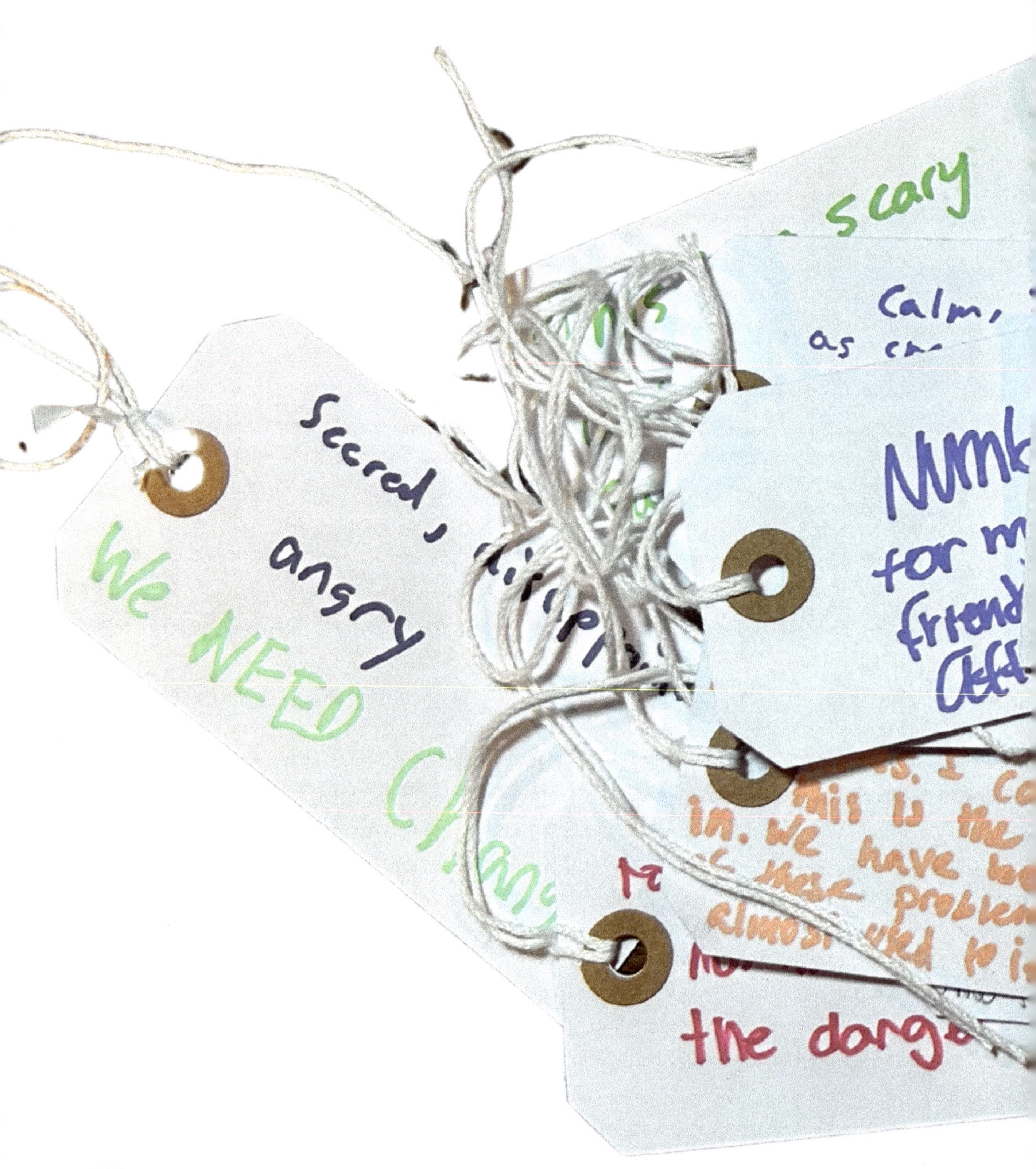
scary
Calm,
Scared,
angry
We NEED
the

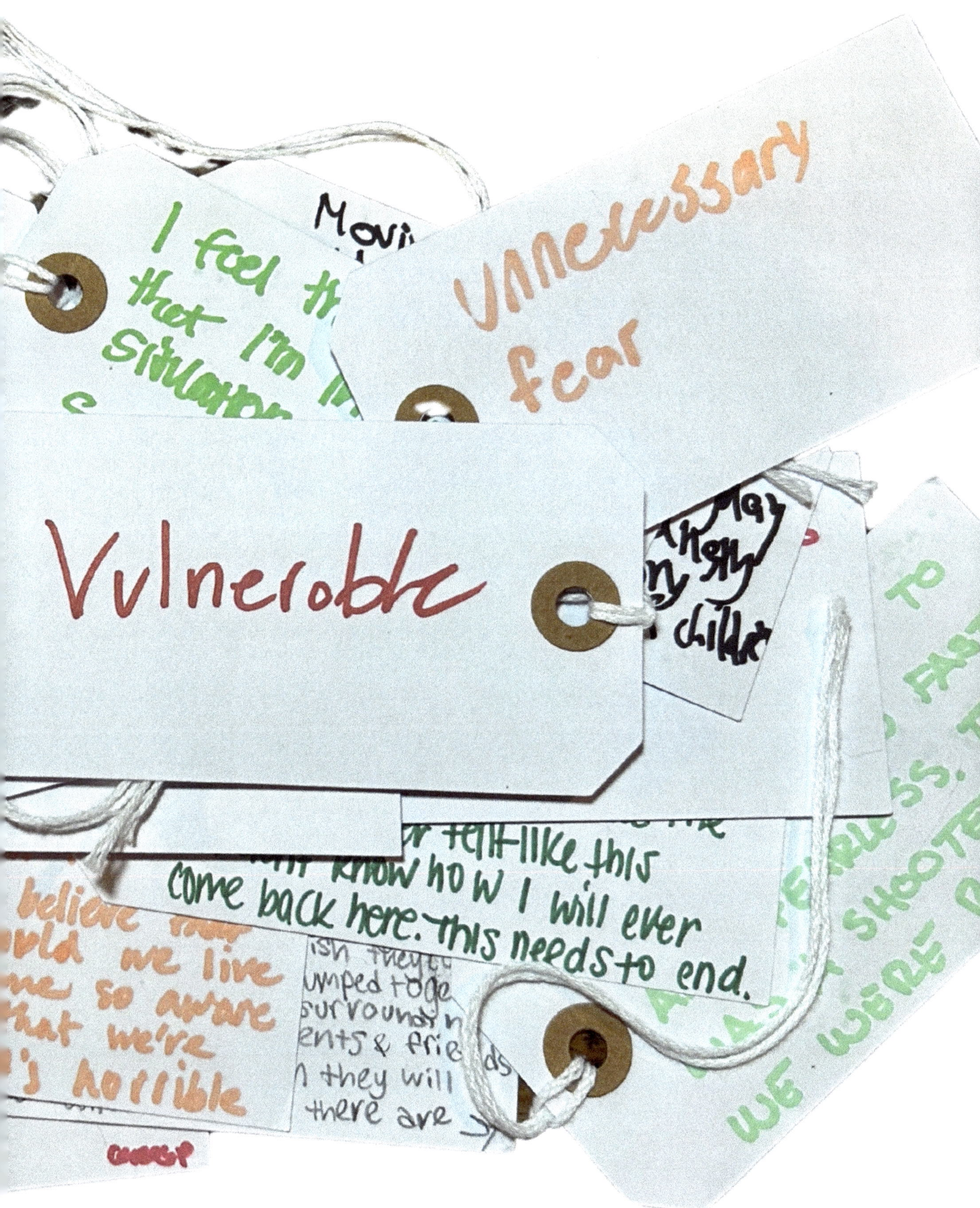
Vulnerable
Unnecessary fear
I feel th
that I'm
situation
know how I will ever
come back here. this needs to end.
we live
so aware
that we're
horrible
children
there are

NUMBNESS // ENTUMECIMIENTO

There comes a point —
after the tears, after the rage,
after the flood of questions —
when even feeling disappears.

It is not peace.
It is not healing.
It is simply nothing.

Llega un momento —
después de las lágrimas, después
de la rabia, después del torrente
de preguntas — en que incluso el
sentir desaparece.

No es paz.
No es sanación.
Es, simplemente, nada.

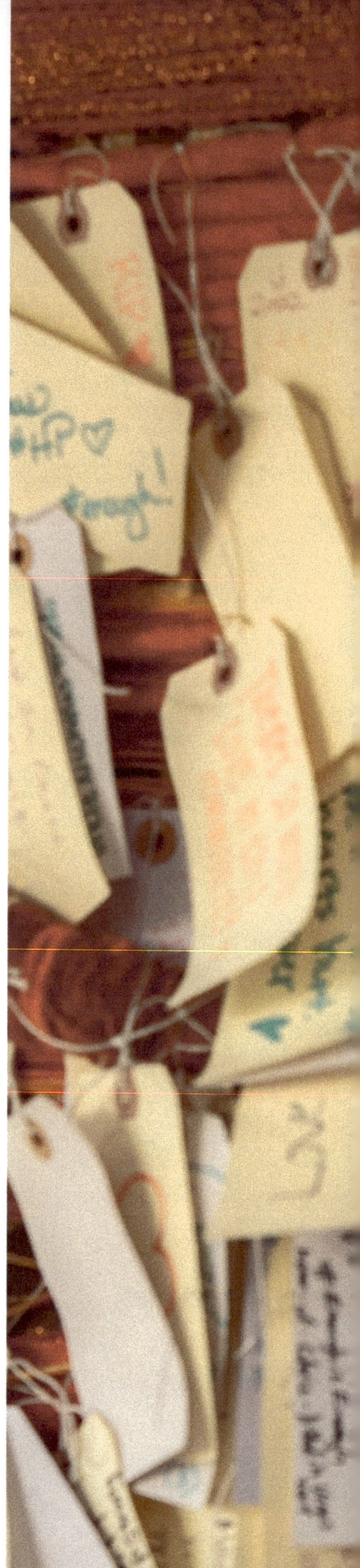

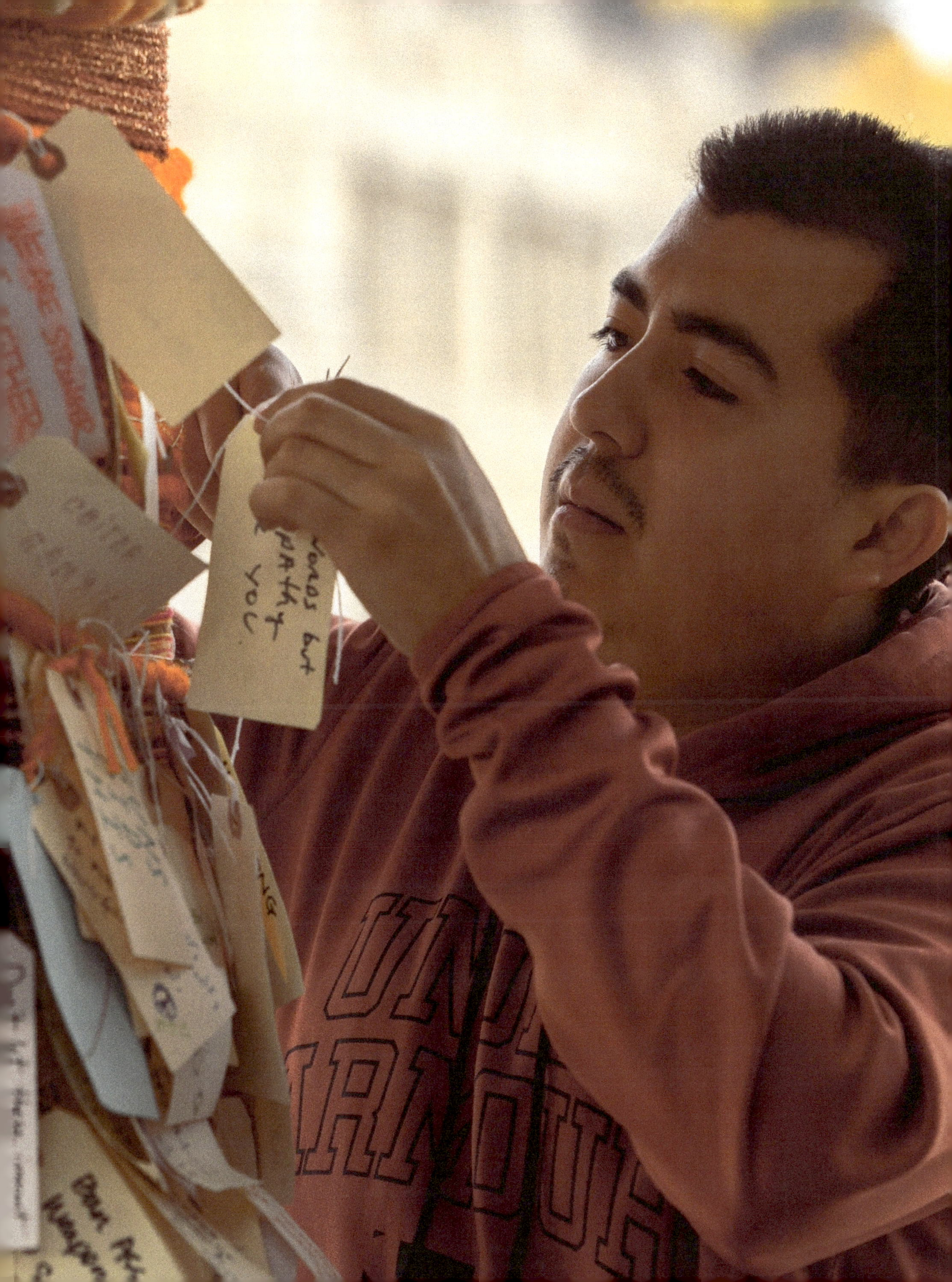

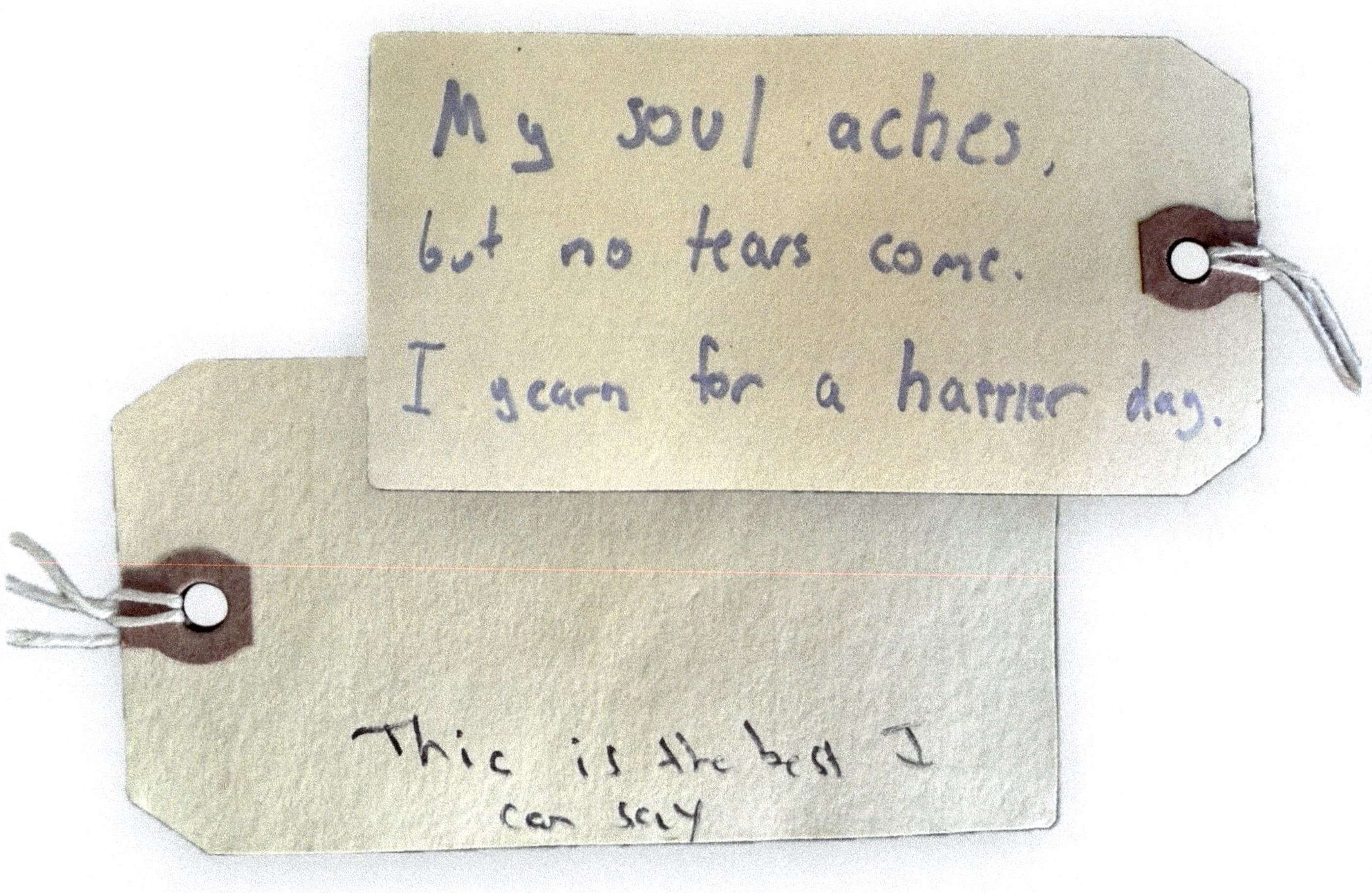

The world continues, but at a distance. Sounds are muted. Colors dull. Time loses its shape.

Soon, a hush crept over the community — a second silence. The tears were fewer. Some wrote the same phrase again and again, as if repetition might pierce the fog.

El mundo sigue, pero desde lejos. Los sonidos se enmudecen. Los colores se apagan. El tiempo pierde su forma.

Pronto, un murmullo se deslizó sobre la comunidad — un segundo silencio. Las lágrimas eran menos. Algunos escribían la misma frase una y otra vez, como si la repetición pudiera atravesar la niebla.

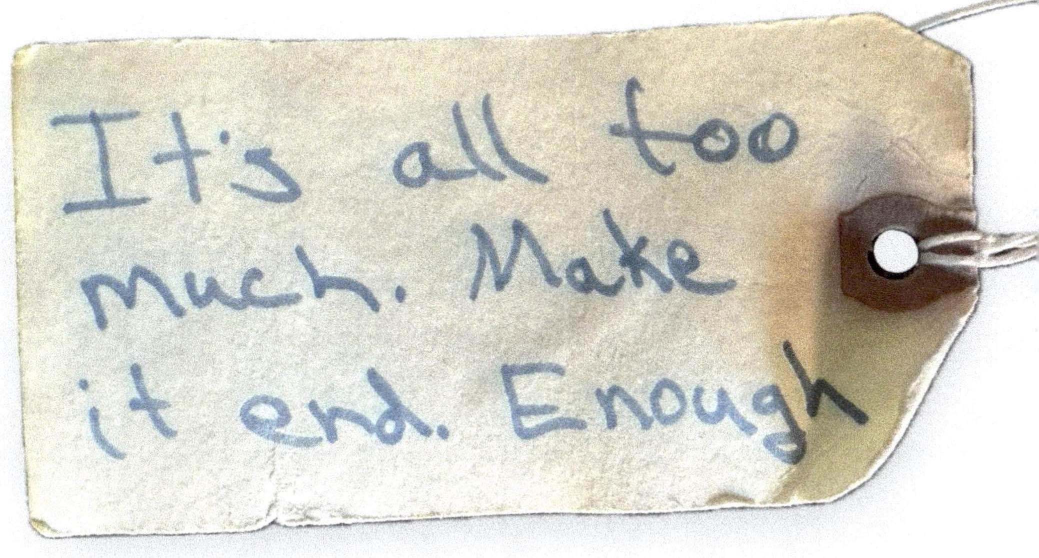

There is a quiet guilt that often clings to numbness. In a culture that reveres resilience, numbness can feel like failure.

But it isn't apathy.
It isn't the absence of love.
It is grief, paused.
A wound not yet scabbed.

And yet, even in that stillness, the memorial held us. The structure became a kind of radical kindness — a place to sit in the absence. To be quiet without explanation. To be still and still belong.

Hay una culpa silenciosa que a menudo se adhiere al entumecimiento. En una cultura que venera la resiliencia, sentirse entumecido emocionalmente puede parecer un fracaso.

Pero no es apatía.
No es la ausencia de amor.
Es el duelo, en pausa.
Una herida que aún no ha formado costra.

Y aun así, incluso en esa quietud, el memorial nos sostuvo. La estructura se convirtió en una especie de bondad radical — un lugar para sentarse en la ausencia. Para estar en silencio sin necesidad de explicación. Para estar quieto y aun así pertenecer.

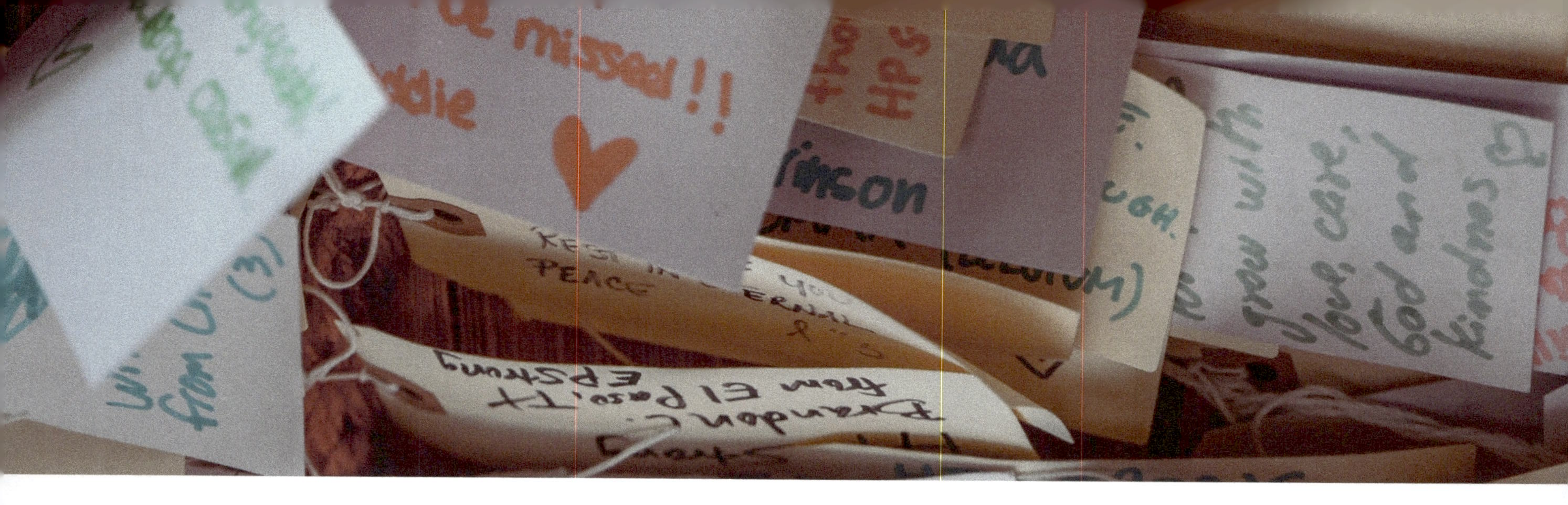

COMPASSION // COMPASION

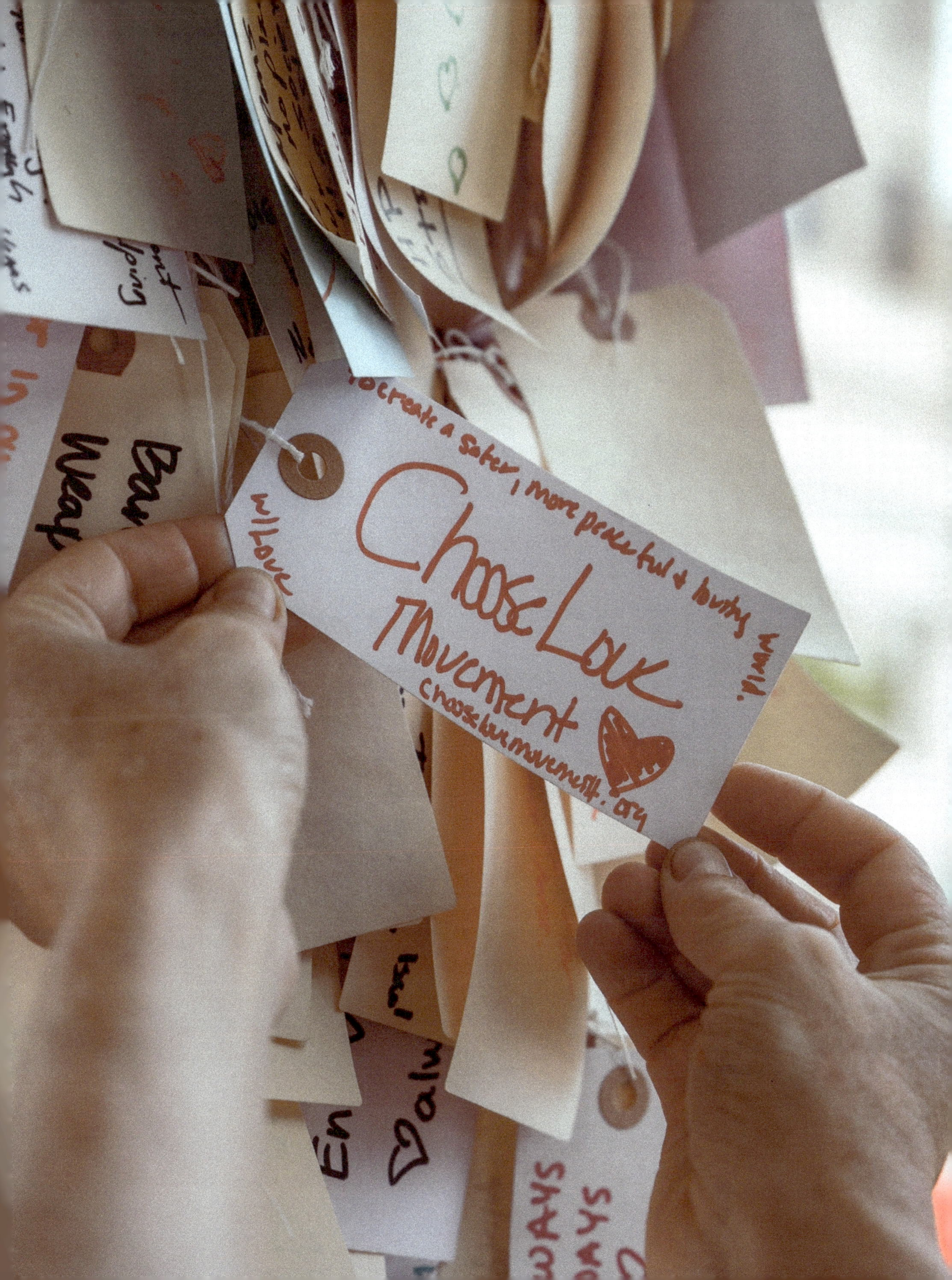
to create a safer, more peaceful & loving world.
Choose Love Movement
w/Love

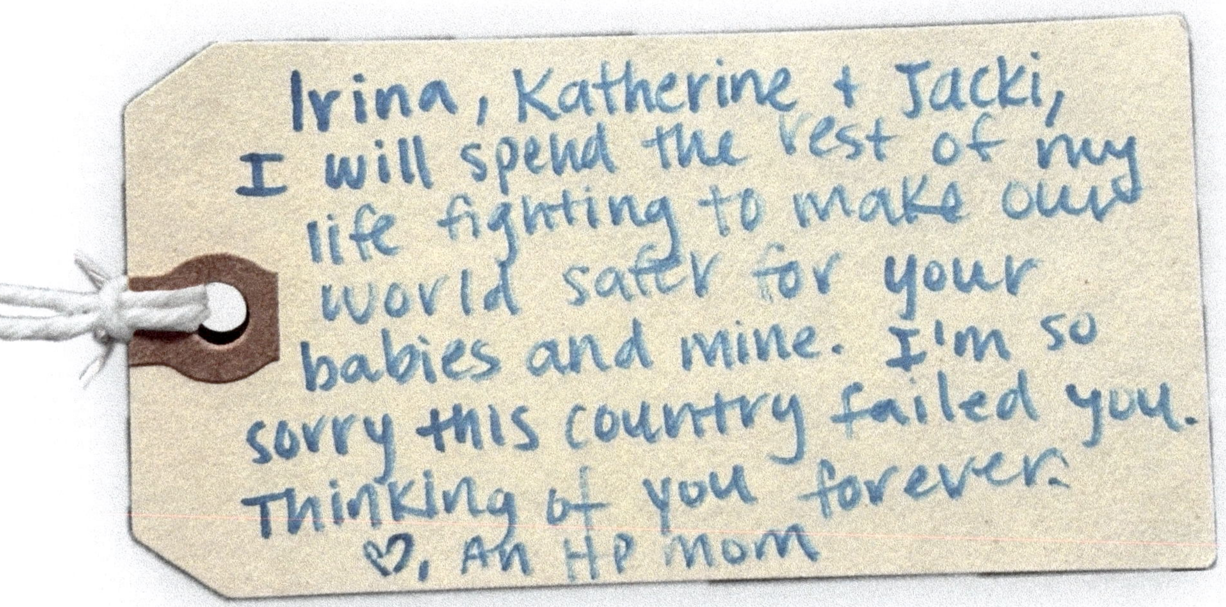

There is a grace that emerges when grief ripens — When the sorrow you carry makes you tender toward the sorrow in another.

This is true compassion.
Not pity. Not performance.
Not the easy solidarity of a yard sign or a string of emojis.
But the sacred act of showing up for another's pain. To be vulnerable, connected, present.

Hay una gracia que emerge cuando el duelo madura — Cuando el dolor que cargas te vuelve más tierno ante el dolor ajeno.

Eso es la compasión verdadera.
No lástima. No una actuación.
No la solidaridad fácil de un cartel en el jardín o una hilera de emojis.
Sino el acto sagrado de presentarse ante el dolor del otro. De ser vulnerable, conectado, presente.

In the long arc of healing, compassion reminds us that we do not have to walk through the valley of darkness alone.

In this sacred place, no one was asked to be brave. Only to feel.

En el largo camino de la sanación, la compasión nos recuerda que no tenemos que atravesar el valle de sombras a solas.

En este lugar sagrado, a nadie se le pidió valentía. Solo sentir.

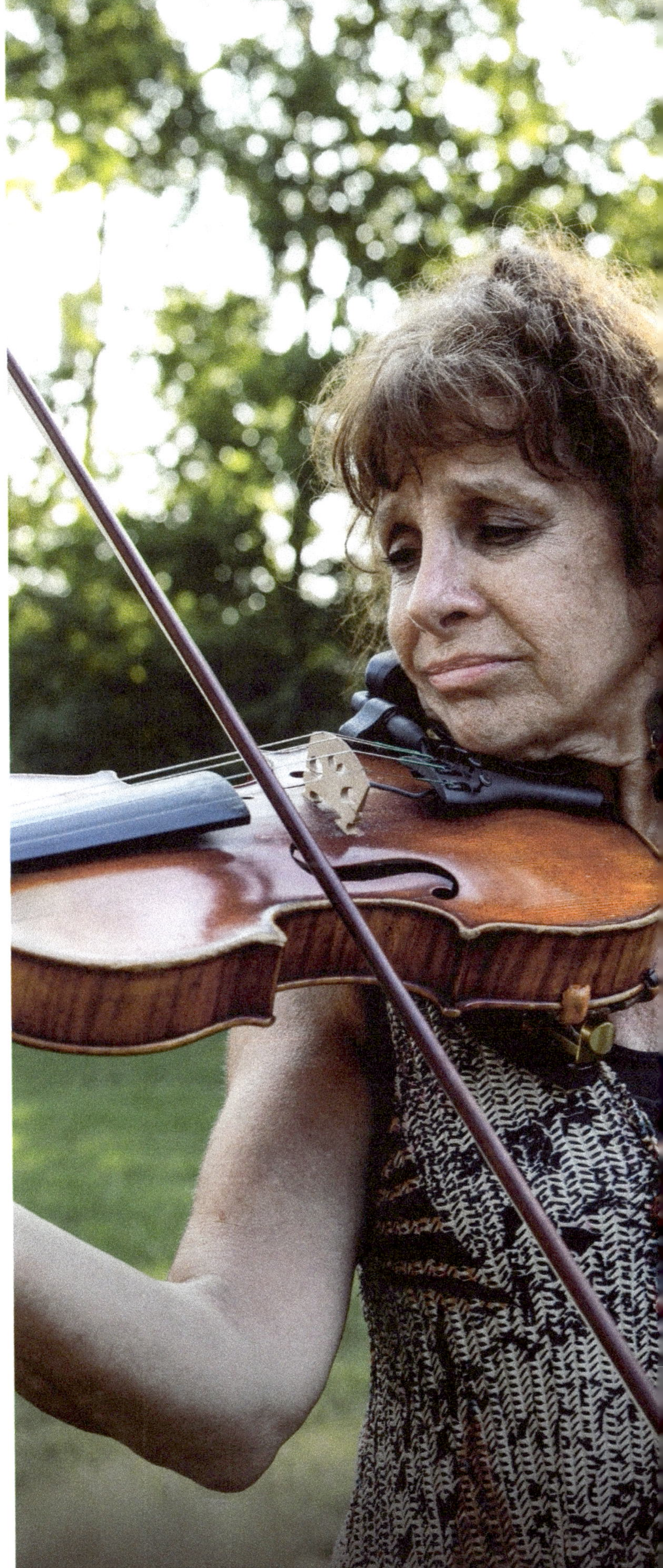

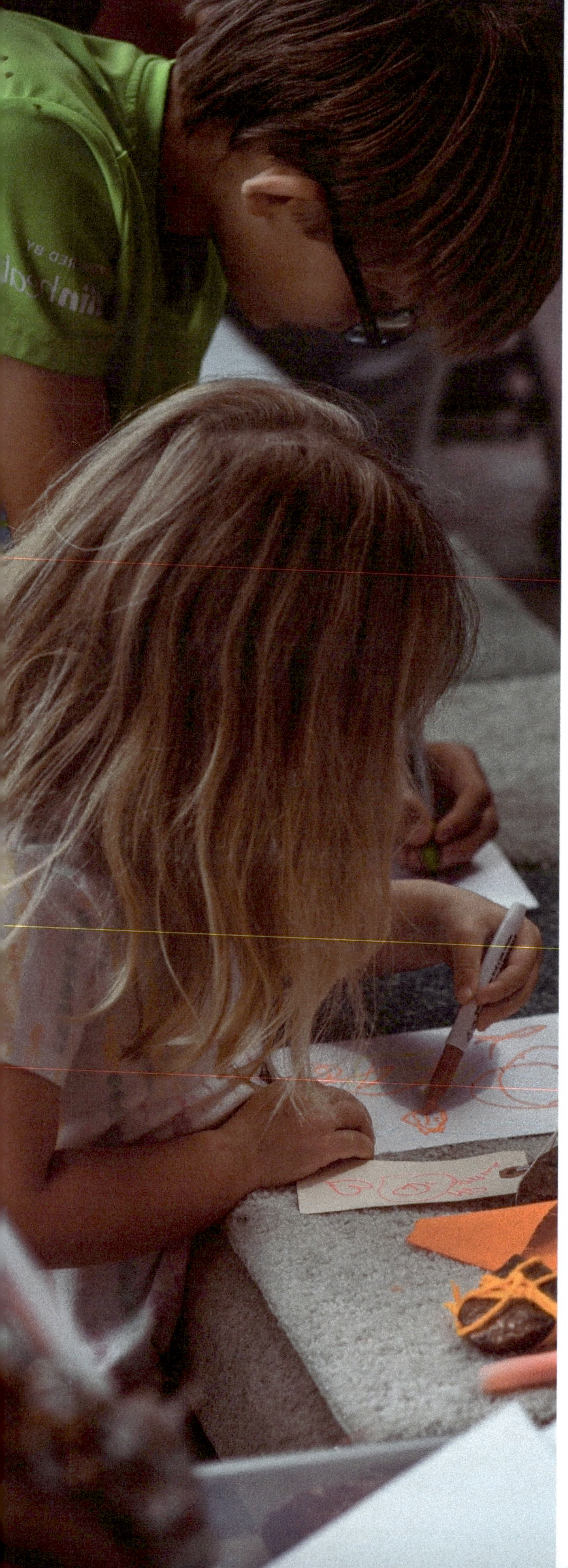

Community members wrote hundreds of heartfelt get-well cards to Cooper Roberts, the eight-year-old boy who was shot in the back and left paralyzed from the waist down.

For many — especially children — sending messages of love and support became a powerful way to process their own grief and offer healing.

Los miembros de la comunidad escribieron cientos de emotivas tarjetas de recuperación para Cooper Roberts, el niño de ocho años que recibió un disparo en la espalda y quedó paralizado de la cintura hacia abajo.

Para muchos — especialmente los niños — enviar mensajes de amor y apoyo se convirtió en una forma poderosa de procesar su propio dolor y ofrecer consuelo.

Cooper, the world is Cheering for you. a brave fighter. You are a hero to so many other children. ~~[illegible]~~ Love the Cohen Family Kids 6, 9, 11

2 weeks ago today the unthinkable happenned. ♡ Praying for Cooper

Cooper, you will make it. You will be strong. You are strong.

COOPER NEVER GIVE UP — YOU CAN CHANGE THE WORLD —— LOVE MBCRUM

People from neighboring towns, distant states, and across the country traveled to Highland Park to offer their compassion, and to remind us that we were not alone.

Personas de pueblos vecinos, estados lejanos y de todo el país viajaron a Highland Park para ofrecer su compasión, a dar testimonio y a recordarnos que no estábamos solos.

Peace Be with You
with ♥ from
San Antonio, TX

You are
angels!
love you
Corpus Ch
Texas

So sorry for
your entire community.
Maryland mourns
with you. JM

Wishing H
Strength an
Solace from
Ann Arbor, M

LOVE, KINDNES
SUPPORT
NEVER be
♥ From Eva

With love from
neighbors in De
we will not for
will fight for ch
their memories be a

LOVE & CONDOLENCE.
FROM NJ
STOP SENSELESS
GUN VIOLENCE!!!

Foreign visitors said the same, in dozens of languages. Grief, borderless — even when its causes are not.

Visitantes de otros países dijeron lo mismo, en decenas de lenguas. El duelo no tiene fronteras — aunque sus causas sí.

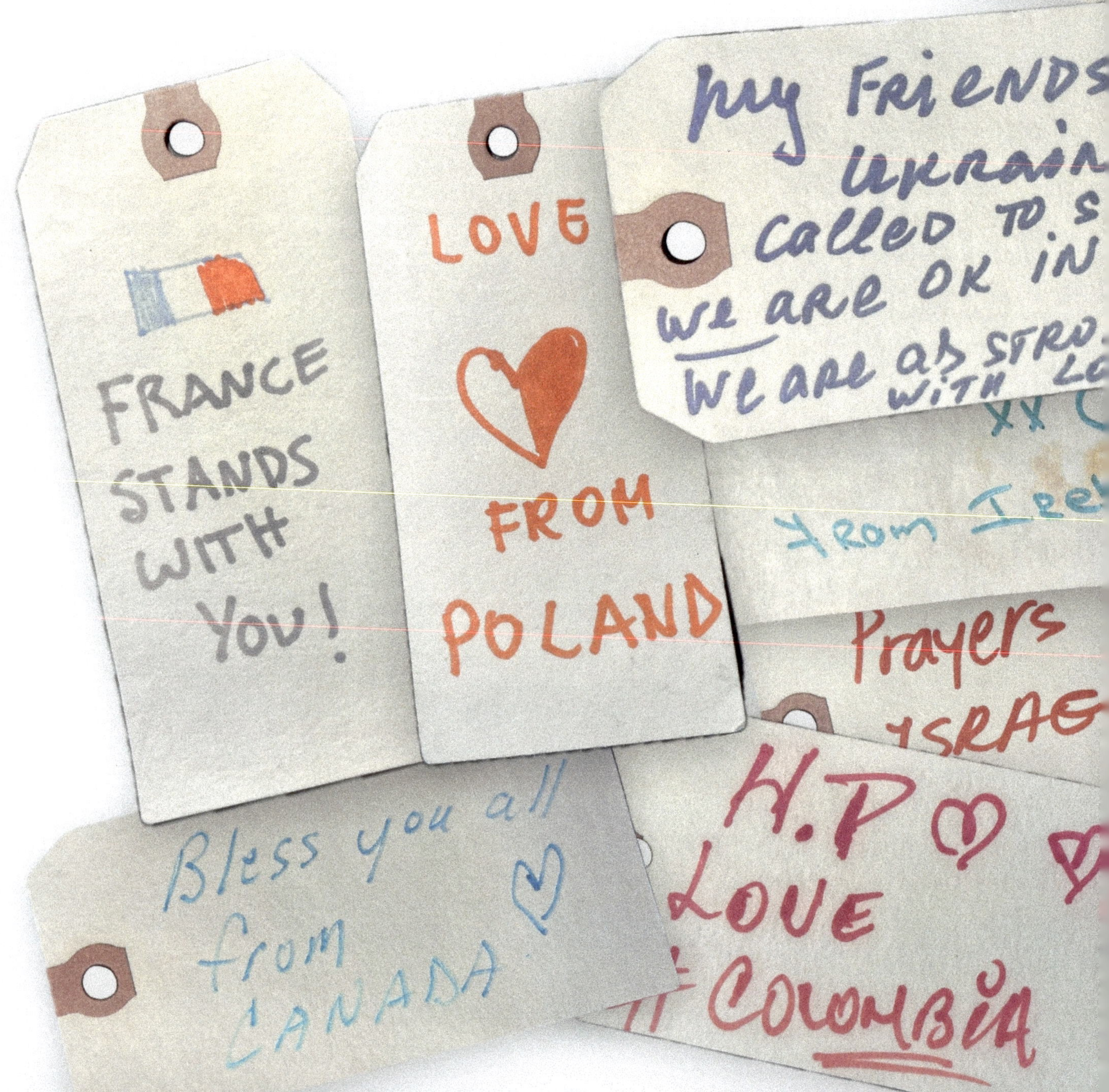

Prayers from ISRAEL

London lov
ghland Pa

二度とこのようなことが
おこりませんように。

♡Love♡ from. Japan♡

平和が
おとずれますように

愛

from JAPAN♡

nding
from
UK

YOU WILL NEVER
BE FORGOTTEN!
LOVE from BRAZIL
Aug. 4th, 2022.

どうぞ
安やか
下さい

Мы все ску
Бог всегда с тобой

Um Sain Amgalan
bol-hogai ♡♡♡♡
♡♡♡

NAM-MYOHO-RENGE-
KYO
world peace through
individual happiness
♡

願
早
登
極
樂

sending
prayers
Josh

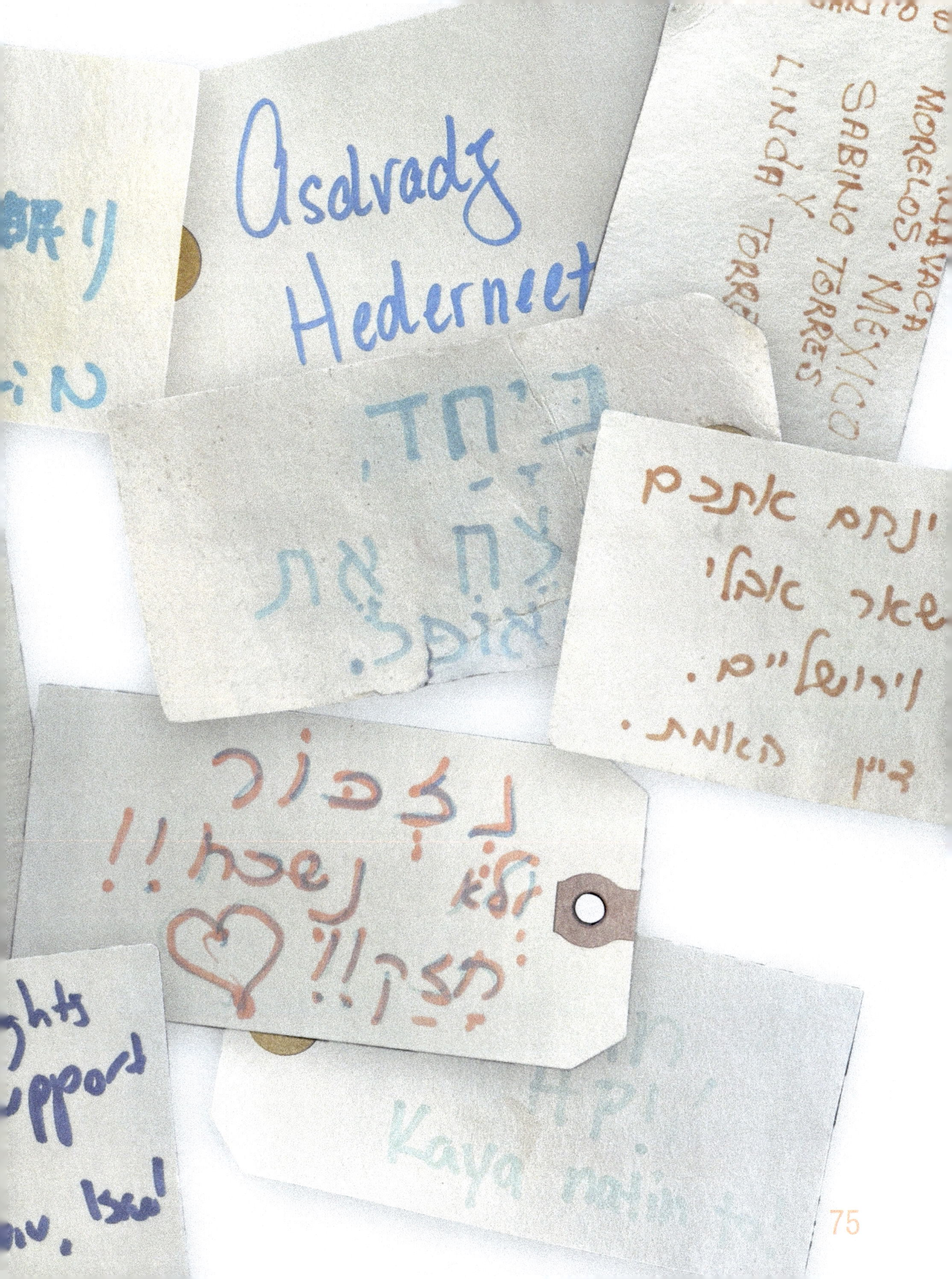

眠り

Asalvadz
Hederneet

MORELOS, MEXICO
SABINO TORRES
LINDA Y TORRES

יחד,
צח את
האופל.

ינחם אתכם
שאר אבלי
וירושלים.
דיין האמת.

לזכור
ולא לשכוח!!
חזק!!

Kaya

ghts
upport
iv. Israel

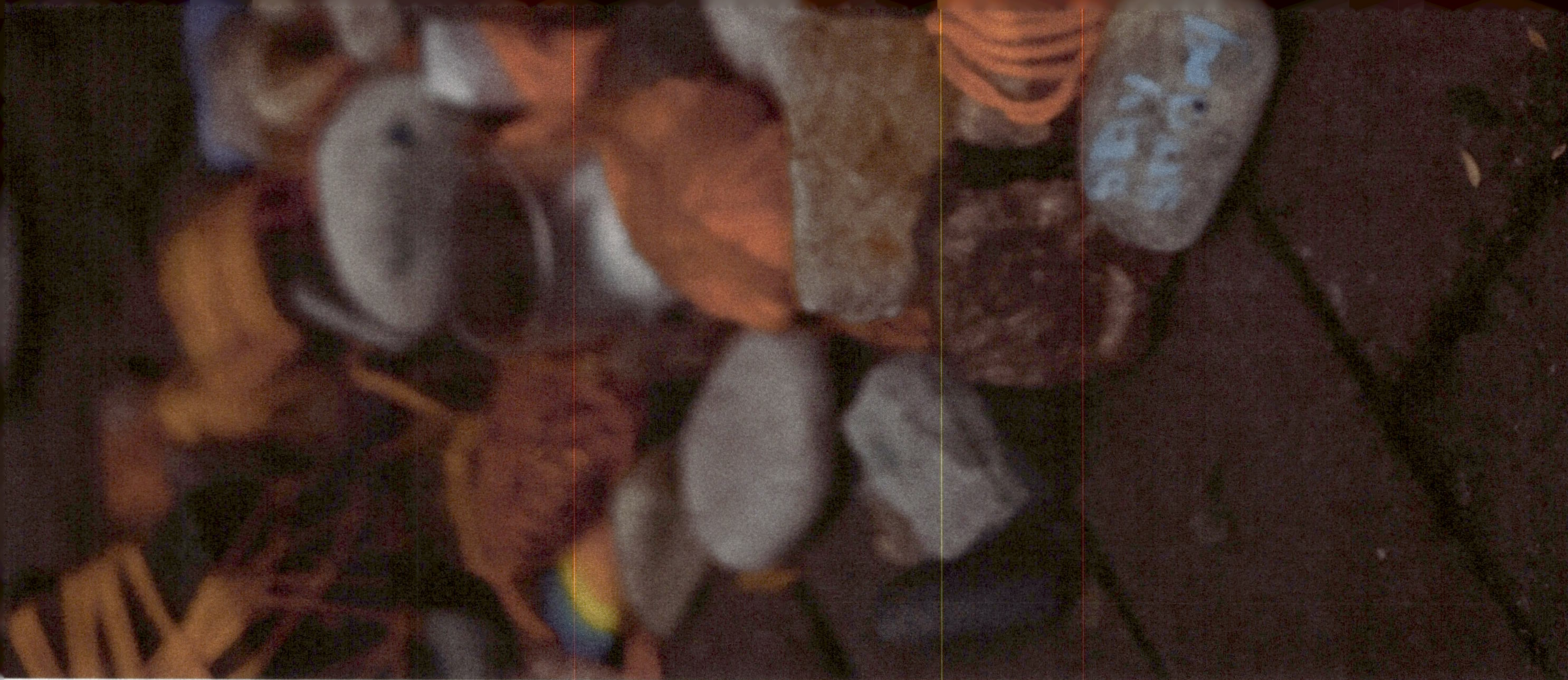

FAITH // FE

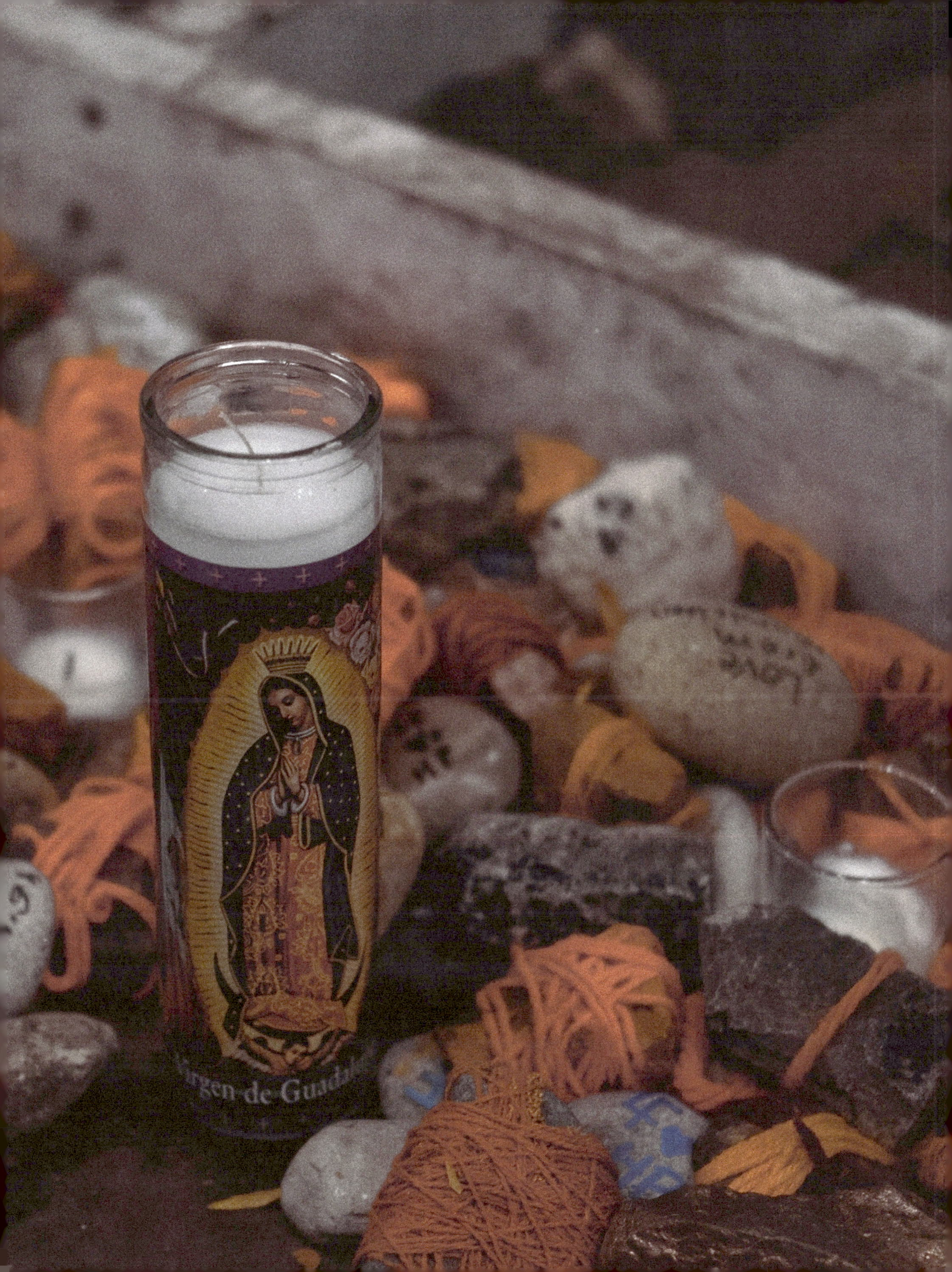

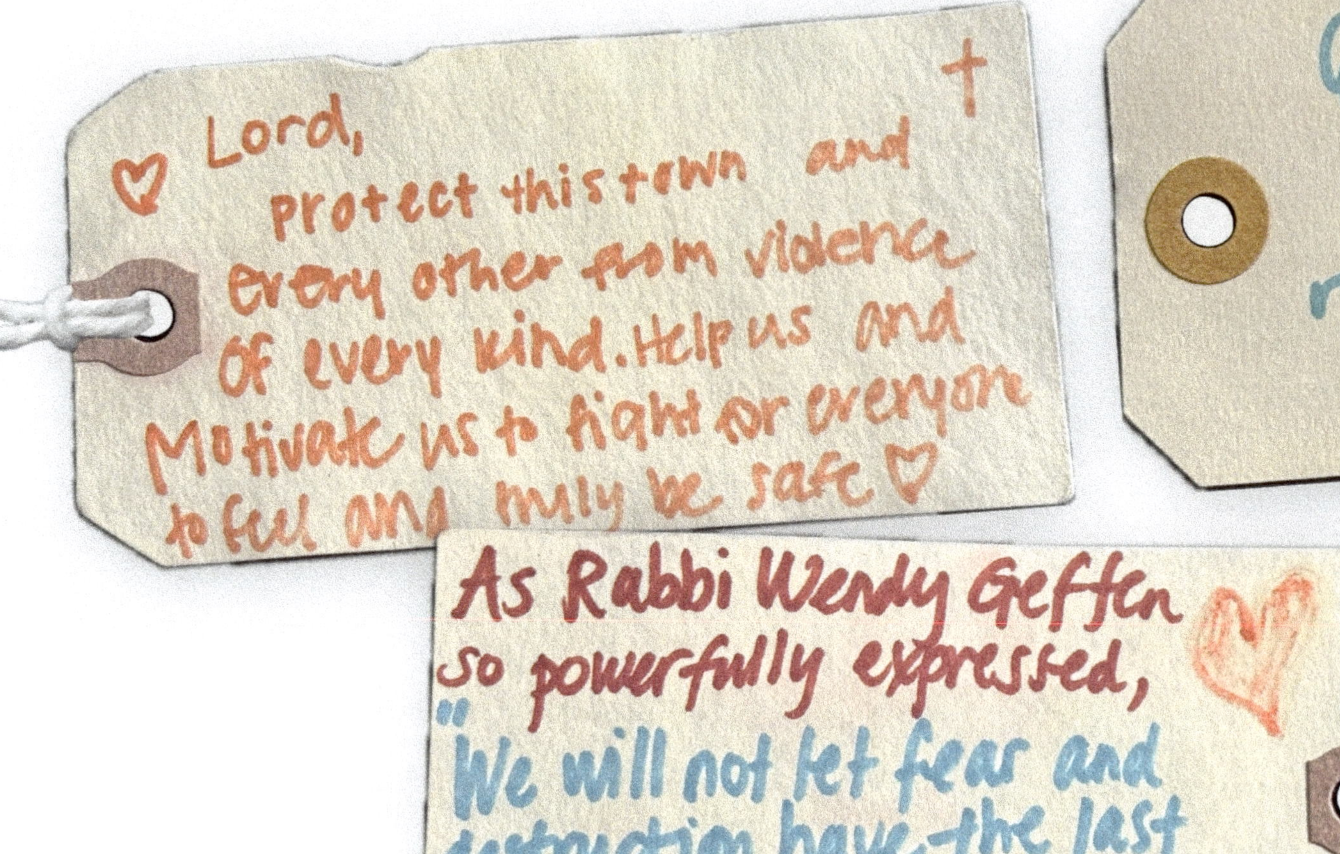

The memorial became a vessel for countless faiths, a place where every expression of spirit had space to breathe.

El memorial se convirtió en un receptáculo para incontables creencias, un lugar donde cada expresión del espíritu tenía espacio para respirar.

grant that the
ht of unity
envel...
hole

God is big
in difficult
times

I pray our
Heavenly Father's
hand of protection
always rests on your
child

Please... Pray
May
every
Pa...

EN PAZ Descansen ATodos
ustedes Dios Tiene A
17 ANGELES mas Esta-
mos Con ustedes En sus
DOLOR WE LOVE U ALL

I BELIEVE YOU ARE
WITH ALL ENCOMPASSING
INFINATE, UNCONDITIONAL
DEVINE LOVE THIS DAY AND
FOR ETERNITY - FOR THIS
I PRAY

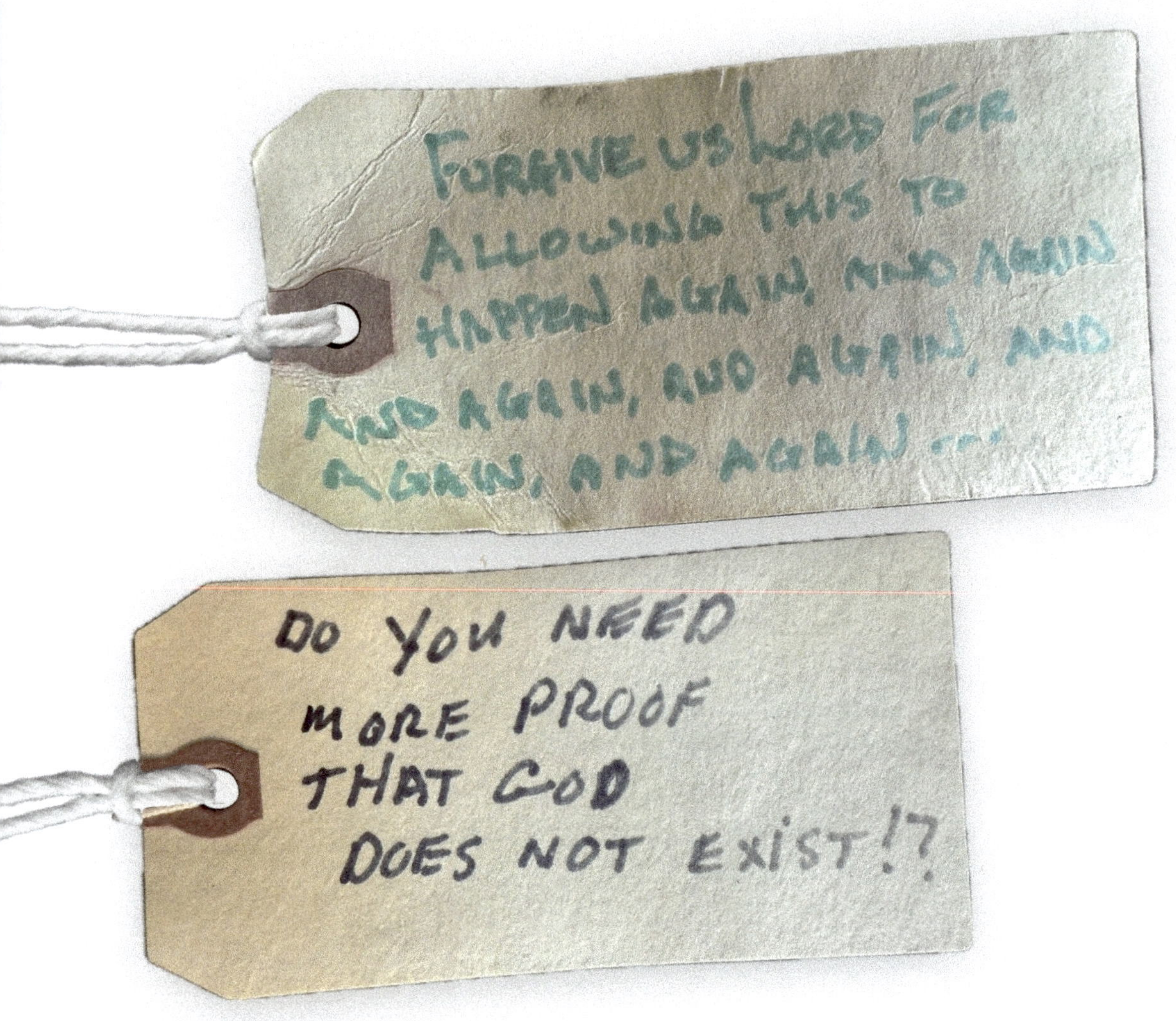

Visitors came to the memorial to grieve, yes, but many came to pray, to wrestle with the unanswerable:

Where was God?
How could this happen?

Los visitantes llegaban al memorial para llorar, sí, pero muchos venían a rezar, a enfrentarse con lo inexplicable:

¿Dónde estaba Dios?
¿Cómo pudo suceder esto?

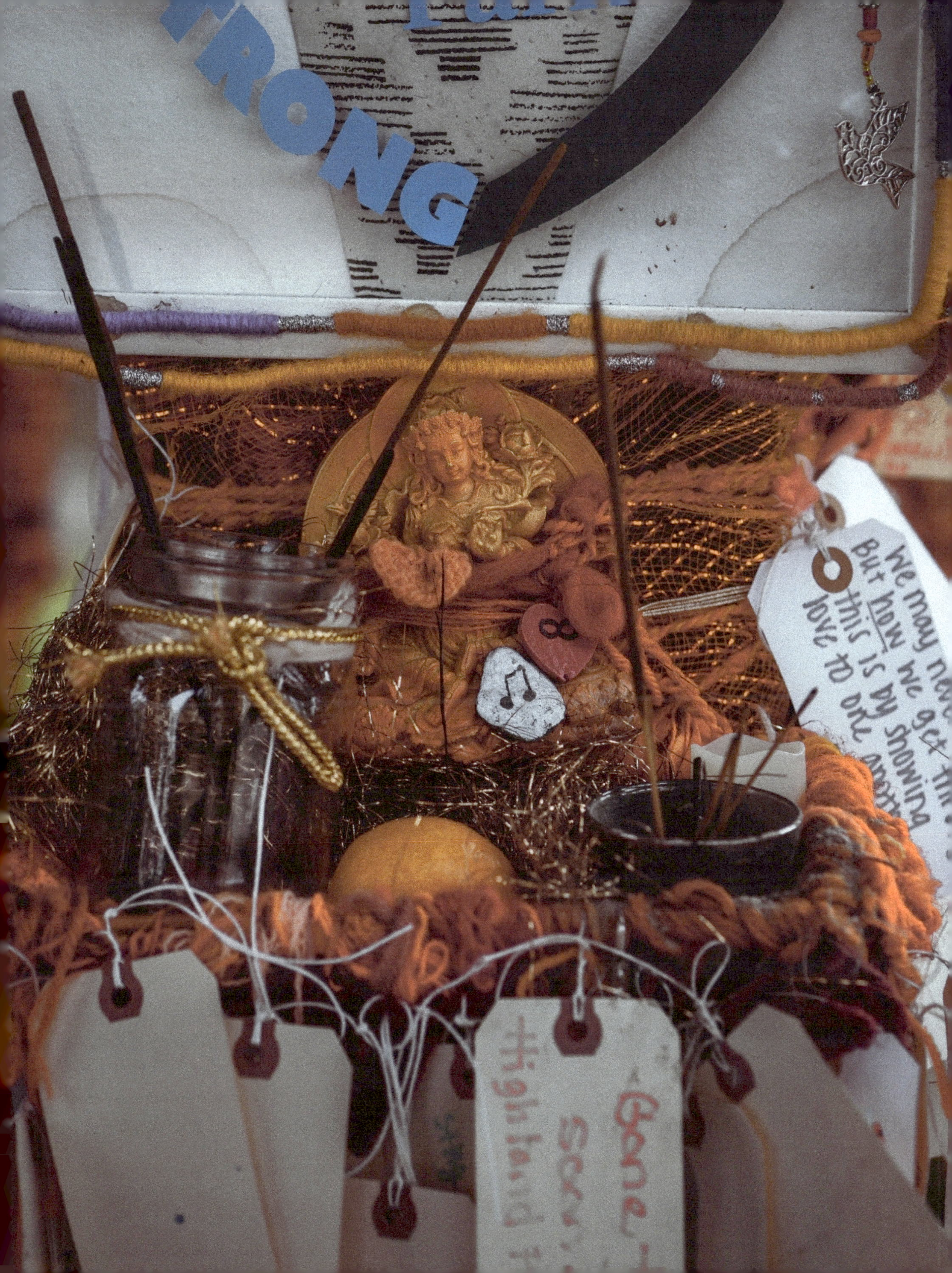
TRONG
We may n
But how we get th
this is by showing
love to one an

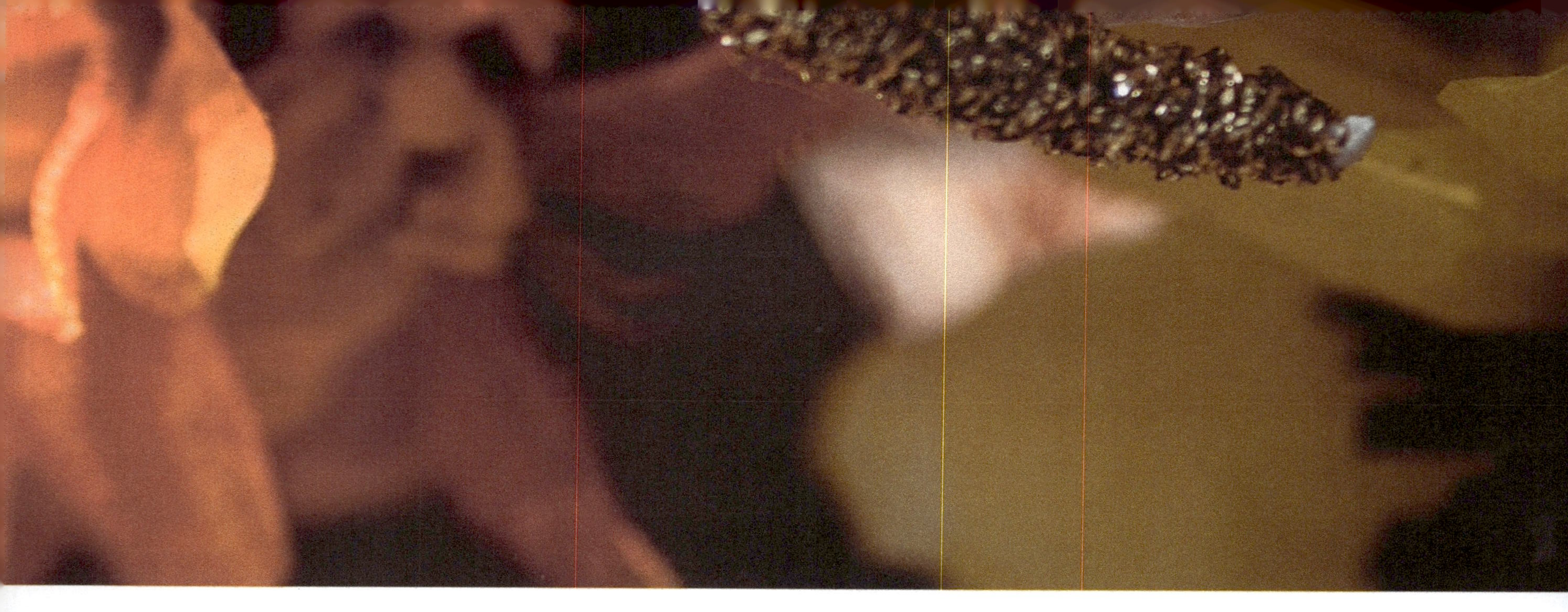

STRENGTH // FORTALEZA

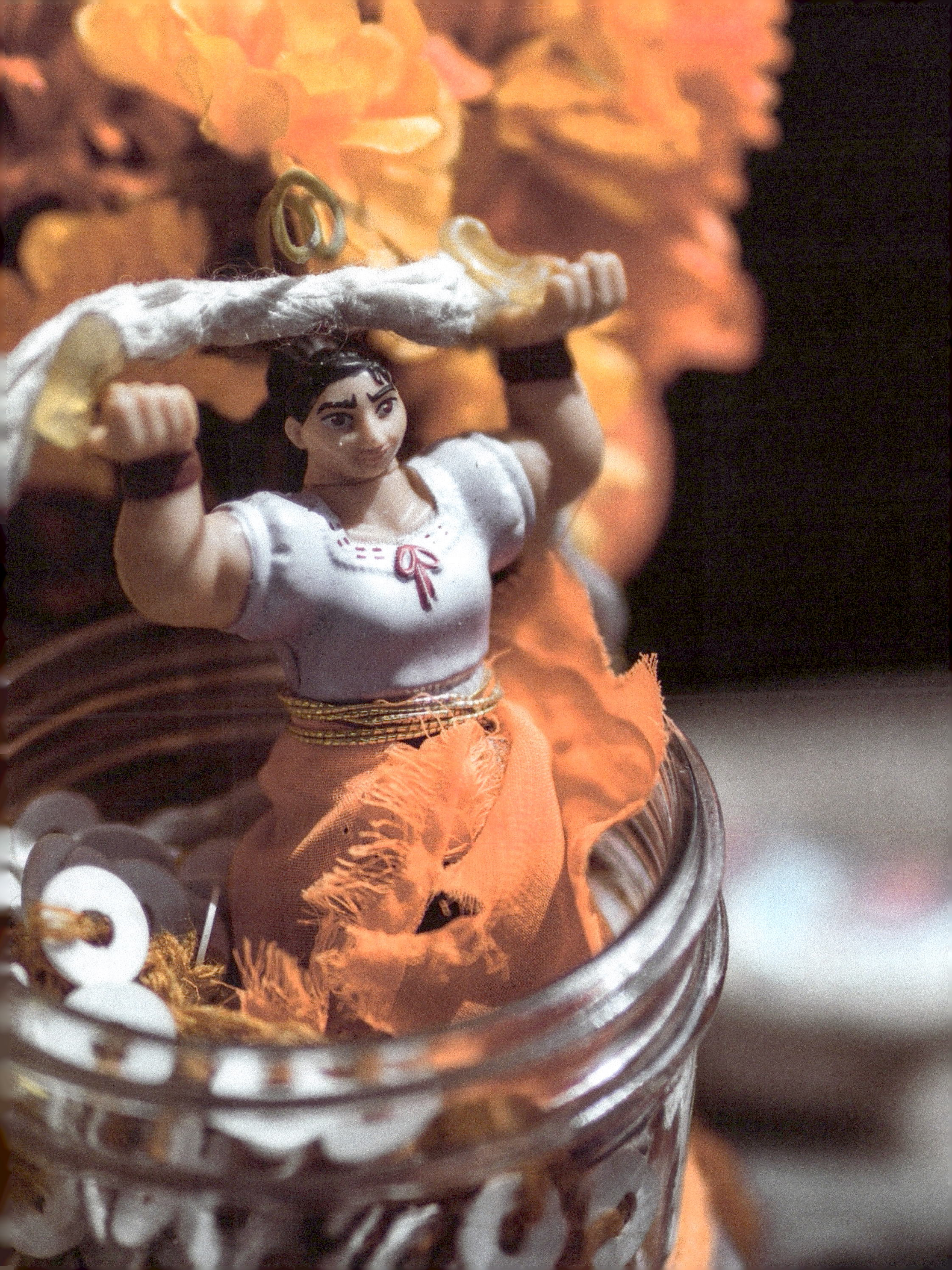

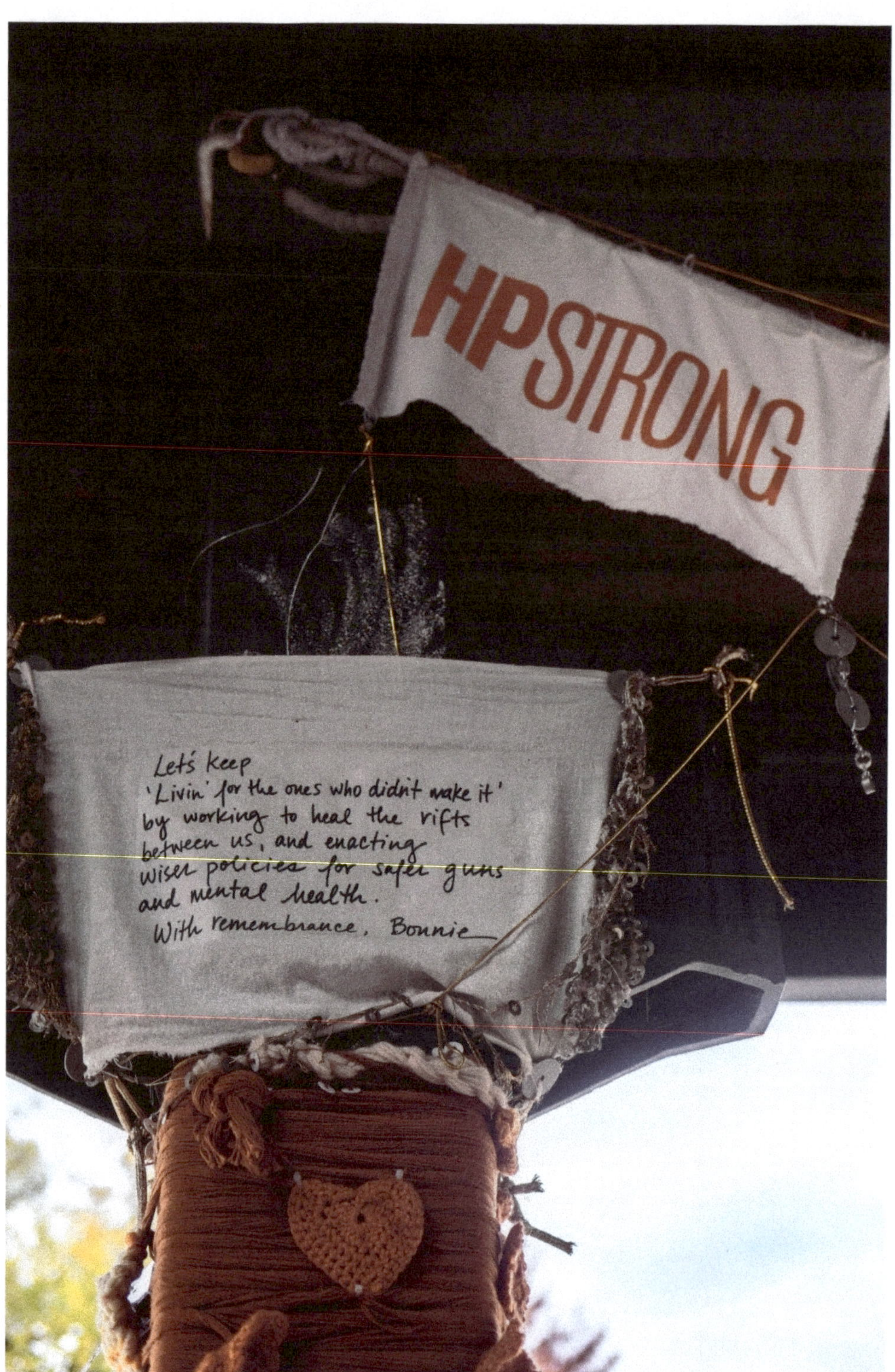
HPSTRONG
Let's keep
'Livin' for the ones who didn't make it'
by working to heal the rifts
between us, and enacting
wiser policies for safer guns
and mental health.
With remembrance, Bonnie

The memorial offered something crucial: Agency.

It gave people not just a place to feel, but to make. To craft, to play music, to draw,
to spread a picnic blanket. These were acts that, in the wake of terror, seemed small — but were, in truth, monumental.

El memorial ofrecía algo crucial: Agencia.

No solo brindaba un lugar para sentir, sino también para crear. Para hacer con las manos, para tocar música, para dibujar, para extender una manta de picnic. Eran actos que, tras el terror, parecían pequeños, pero que en verdad eran monumentales.

HP Strong meant many things, but above all, it declared: *We will not be paralyzed.*

Fuerza HP significaba muchas cosas, pero, sobre todo, proclamaba: *No nos quedaremos paralizados.*

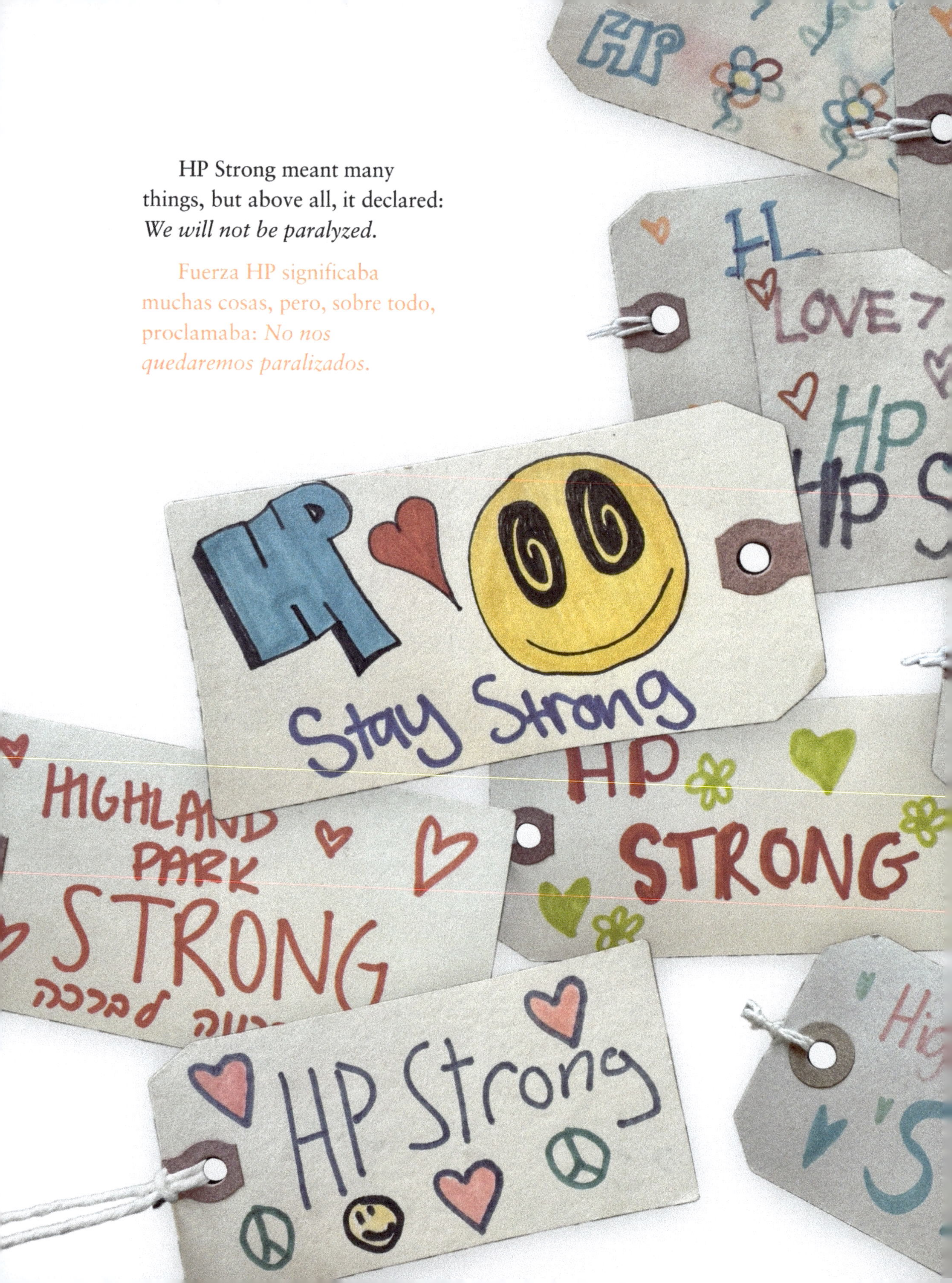

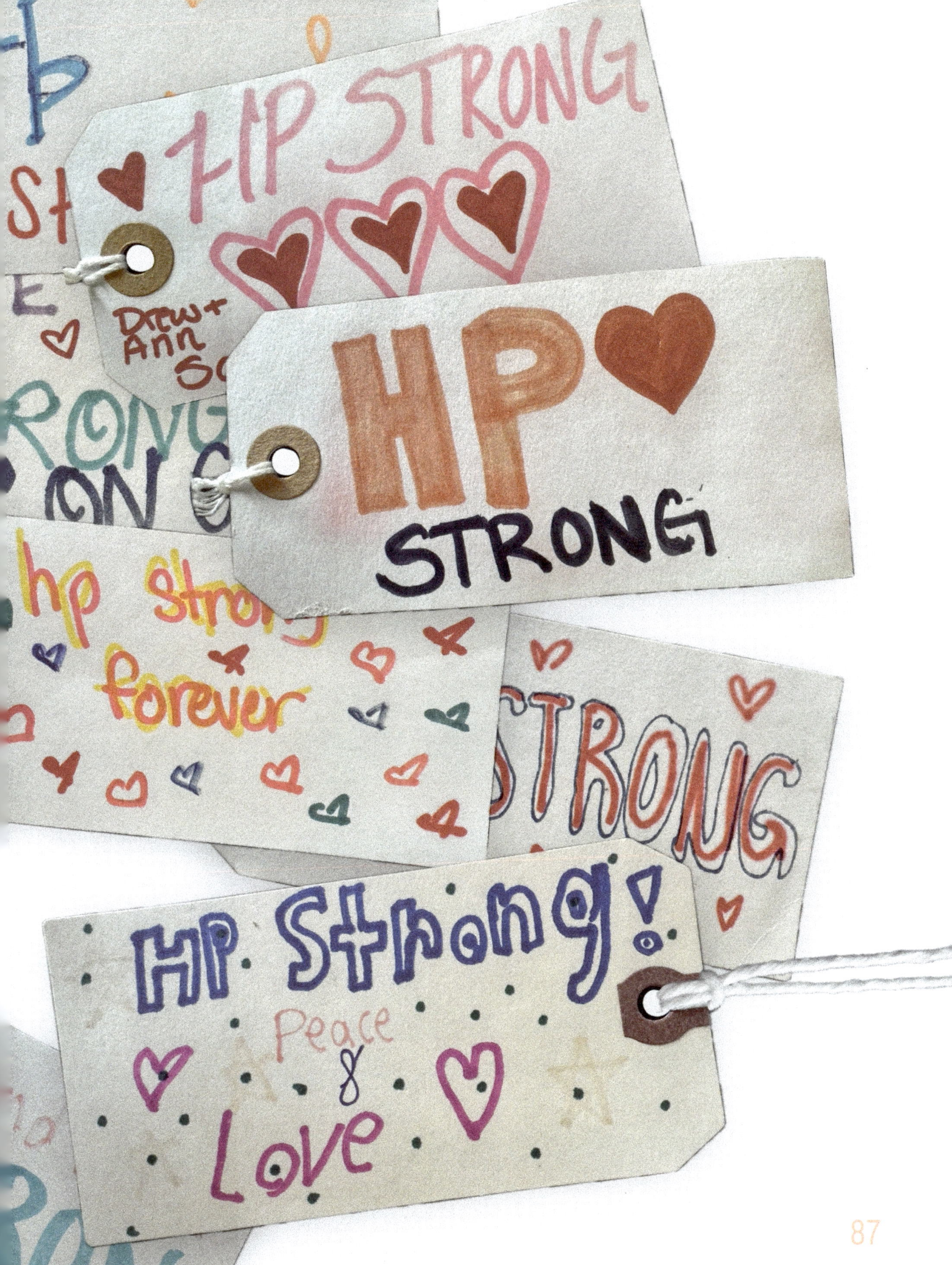
HP STRONG
Drew + Ann
HP
STRONG
hp strong
forever
STRONG
HP Strong!
Peace
&
Love

And there were days when the drumbeat to move on grew louder, when grief fatigue set in, and the world seemed ready to look away.

But here, neighbors felt safe enough to admit out loud that they weren't ready. They needed more time.

And they were met not with shame or silence, but a quiet, steady shared affirmation:

There's no quick fix.
Take your time.

Hubo días en que el clamor por seguir adelante se hacía más fuerte, cuando el cansancio del duelo se instalaba y el mundo parecía listo para mirar hacia otro lado.

Pero aquí, los vecinos se sentían lo suficientemente seguros como para admitir, en voz alta, que no estaban listos. Que necesitaban más tiempo.

Y no se encontraron con vergüenza ni con silencio, sino con una afirmación compartida, suave y constante:

No hay soluciones rápidas.
Tómate tu tiempo.

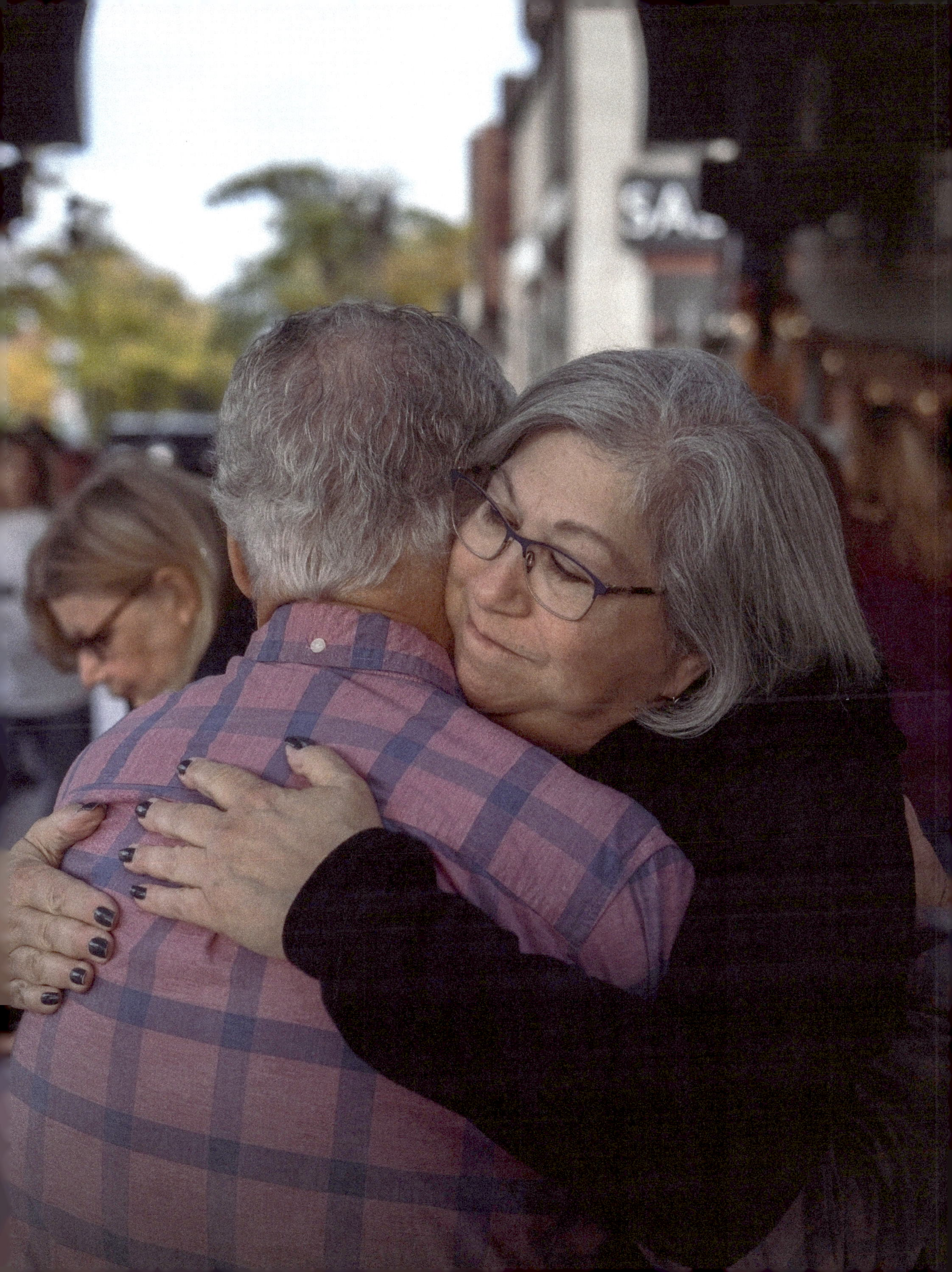

COMMUNITY // COMUNIDAD

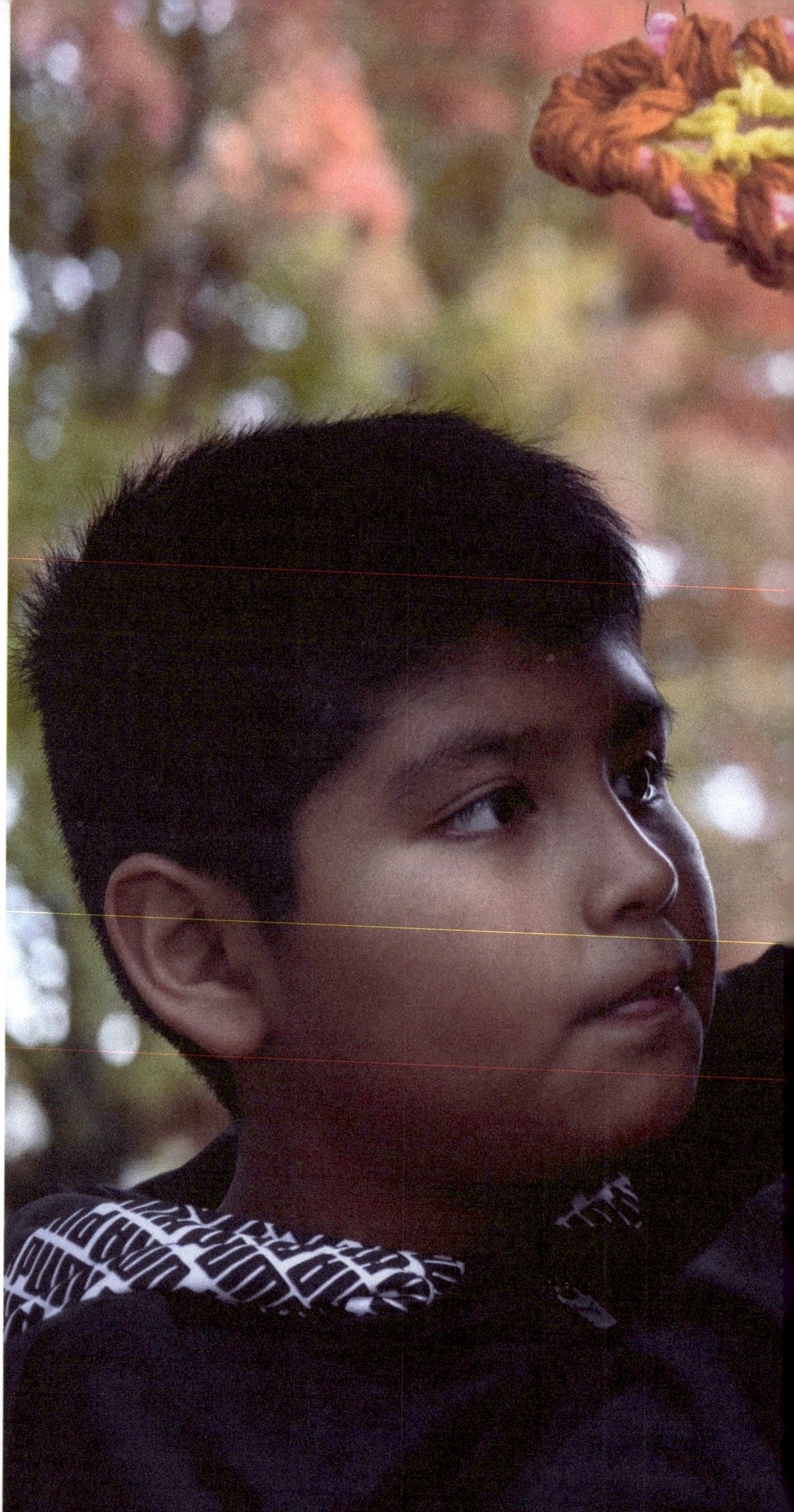

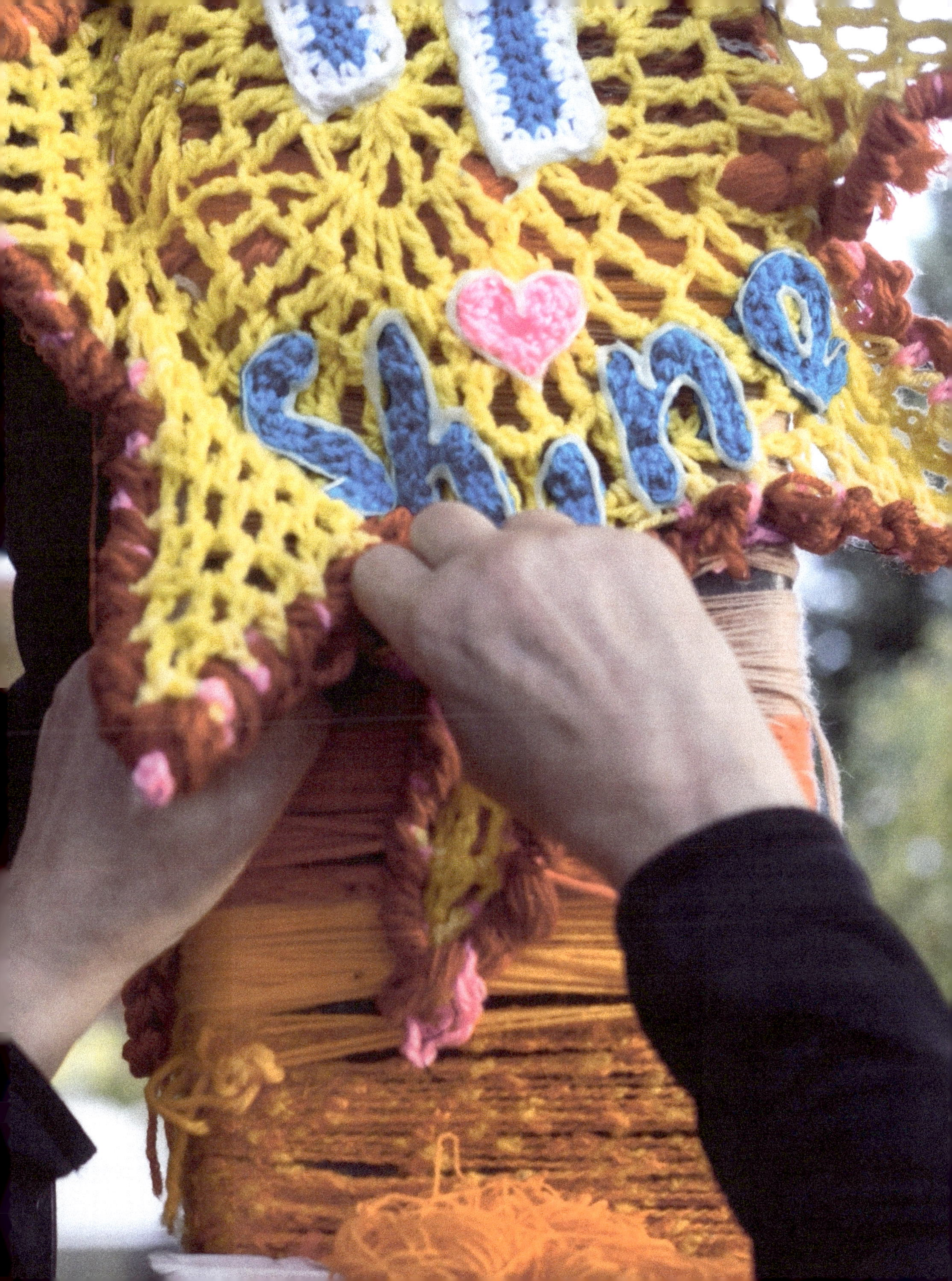
Shine

The memorial provided a space where language, culture, and grief could coexist. Here, all voices were heard and held.

And yet, Highland Park illuminated a national truth that cannot be ignored: Black and brown communities bear the brunt of America's gun violence epidemic.

With that truth, the memorial became not just a space for grief, but for repair — a place where disparities could be acknowledged, and where the community could begin to reckon with the reality that gun violence is not evenly distributed, but is everyone's responsibility to end.

El memorial ofrecía un espacio donde el lenguaje, la cultura y el dolor podían coexistir. Aquí, todas las voces eran escuchadas y sostenidas.

Y, sin embargo, Highland Park iluminó una verdad nacional que no puede ser ignorada: Las comunidades negras y latinas son las más afectadas por el peso de la epidemia de la violencia armada en Estados Unidos.

Con esa verdad, el memorial dejó de ser solo un espacio para el dolor, y se convirtió también en un lugar para la reparación — un lugar donde se podían reconocer las disparidades, y donde la comunidad podía empezar a confrontar la realidad de que la violencia armada no se distribuye equitativamente, pero que es responsabilidad de todos ponerle fin.

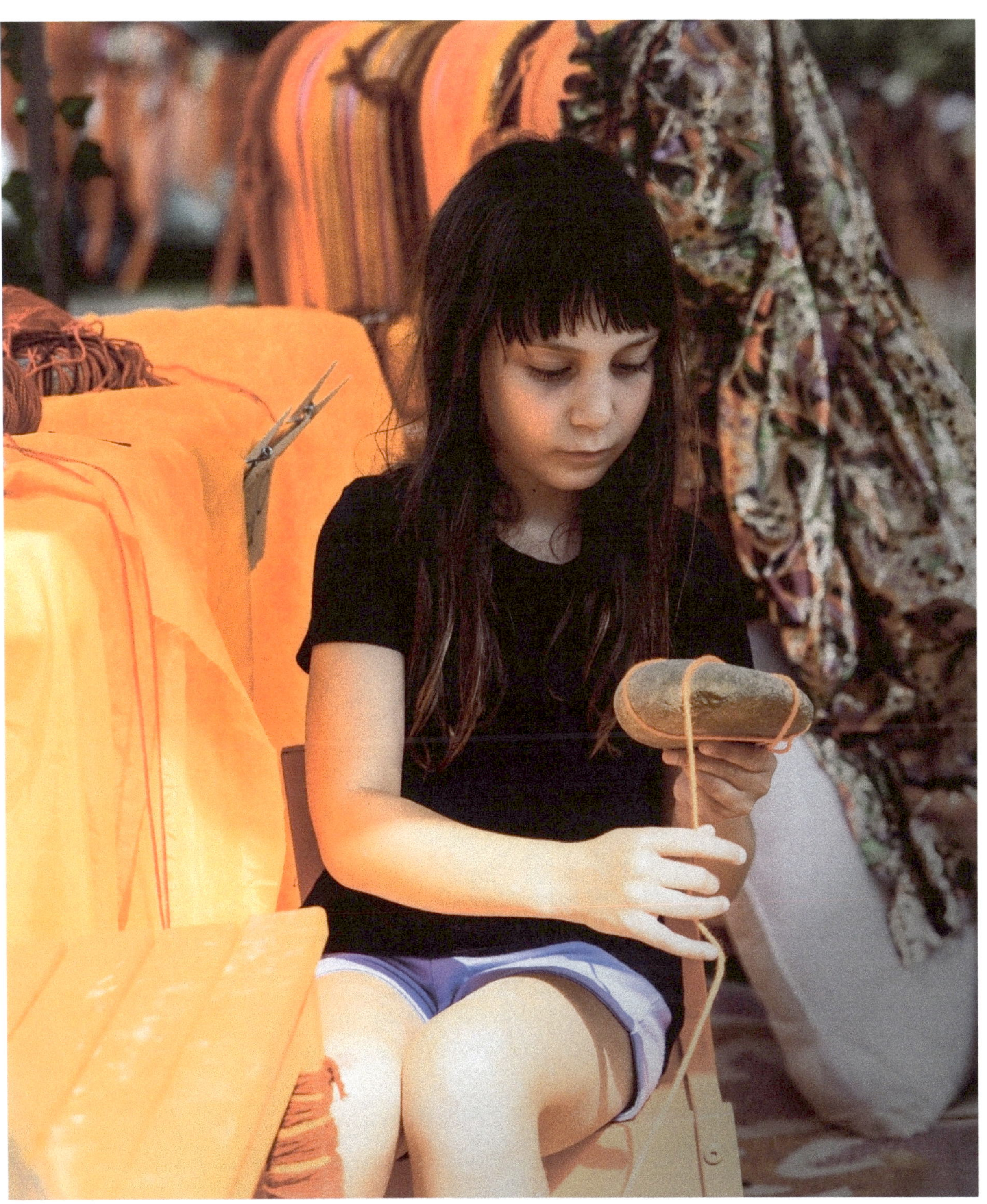

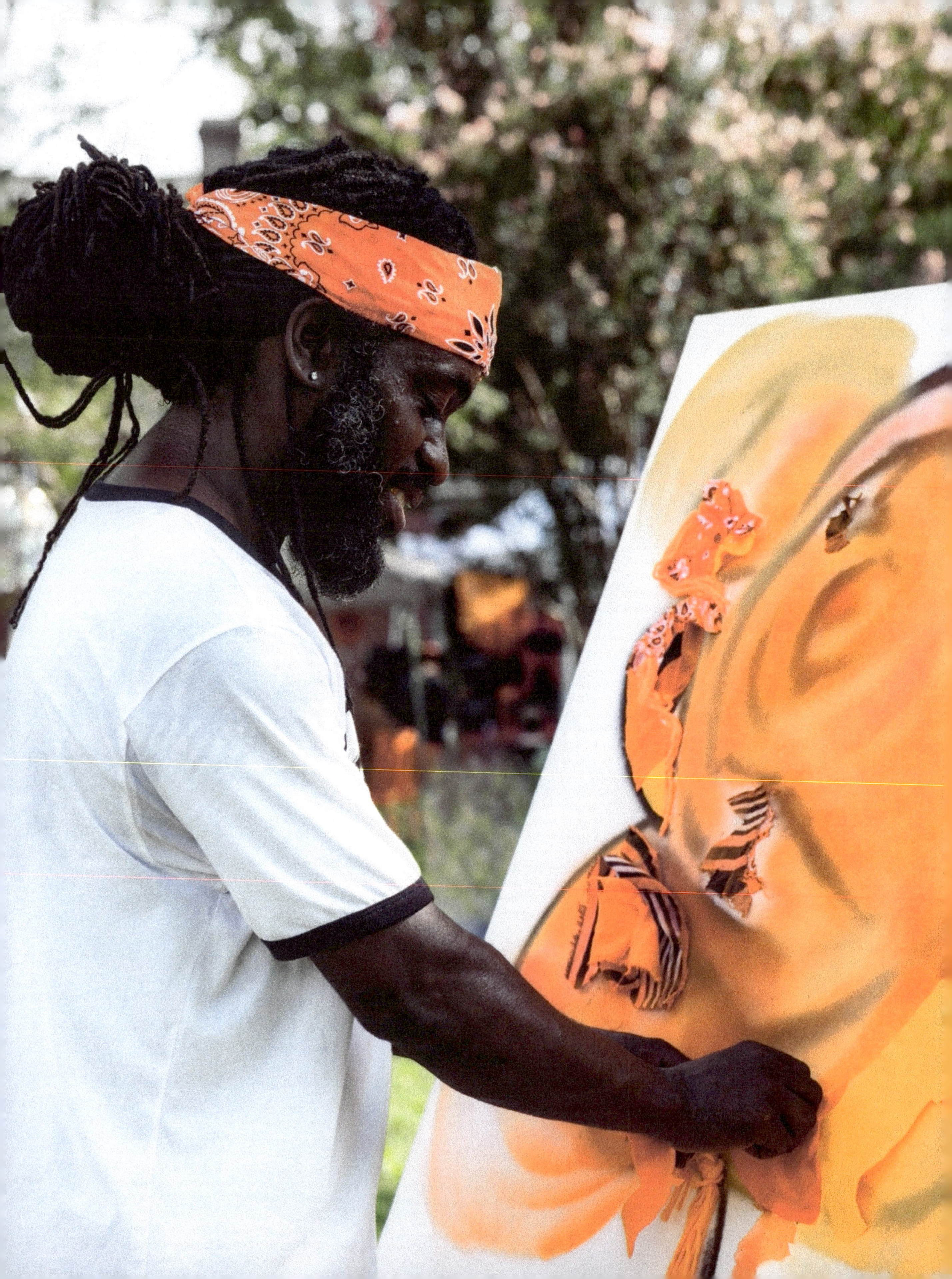

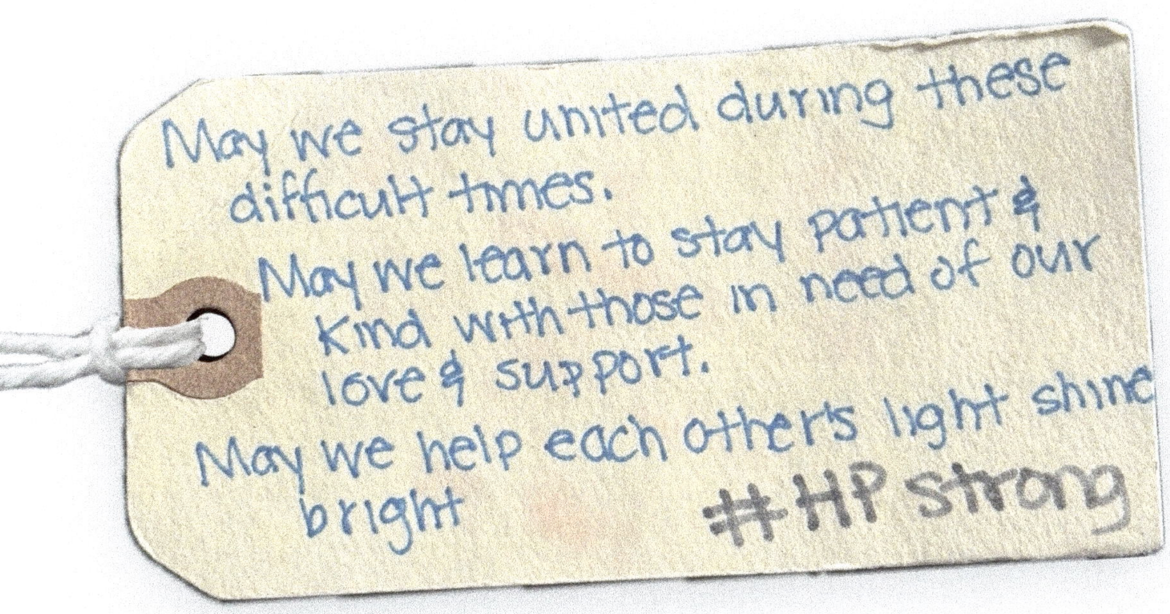

In recognizing this, the memorial offered something rare: a glimpse of a more honest, inclusive form of mourning — and the kind of community we might become if we allow compassion to guide our collective memory.

Al reconocer esto, el memorial ofreció algo raro: un atisbo de una forma de luto más honesta e inclusiva — y del tipo de comunidad en que podríamos convertirnos, si permitimos que la compasión guíe nuestra memoria colectiva.

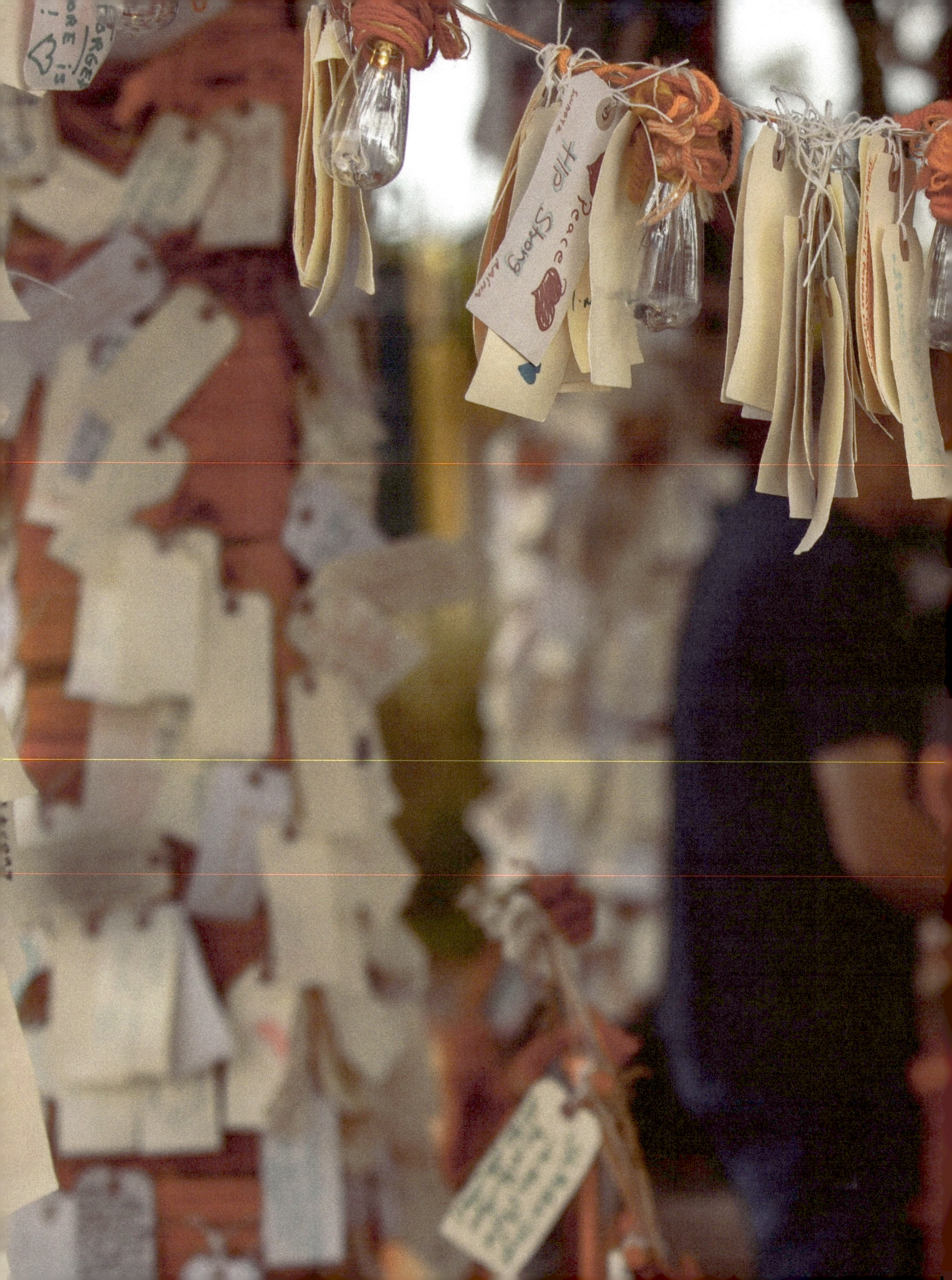
Peace

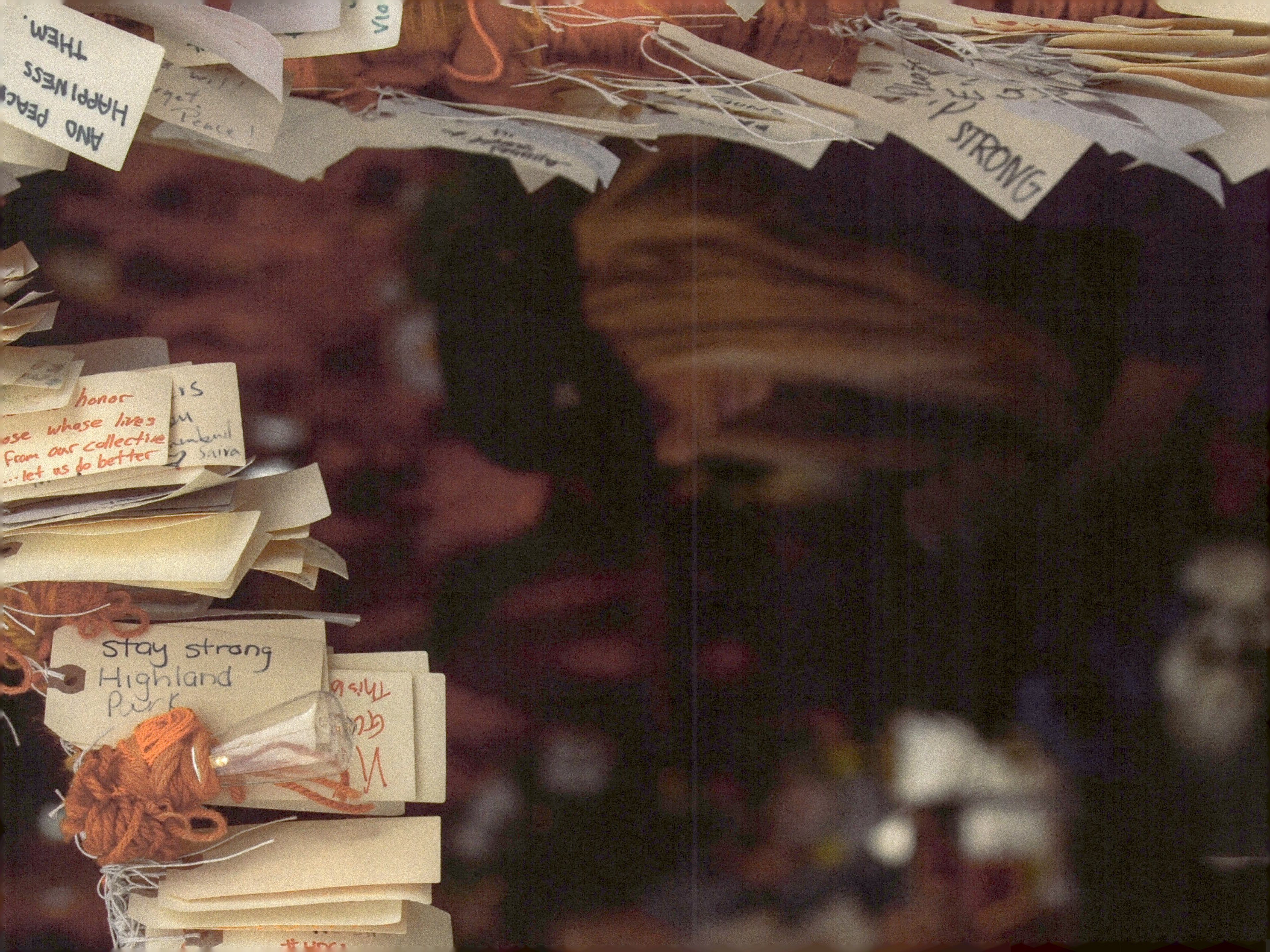
AND PEACE
HAPPINESS
THEM.
STRONG
honor
whose lives
From our collective
...let us do better
Stay strong
Highland
Park

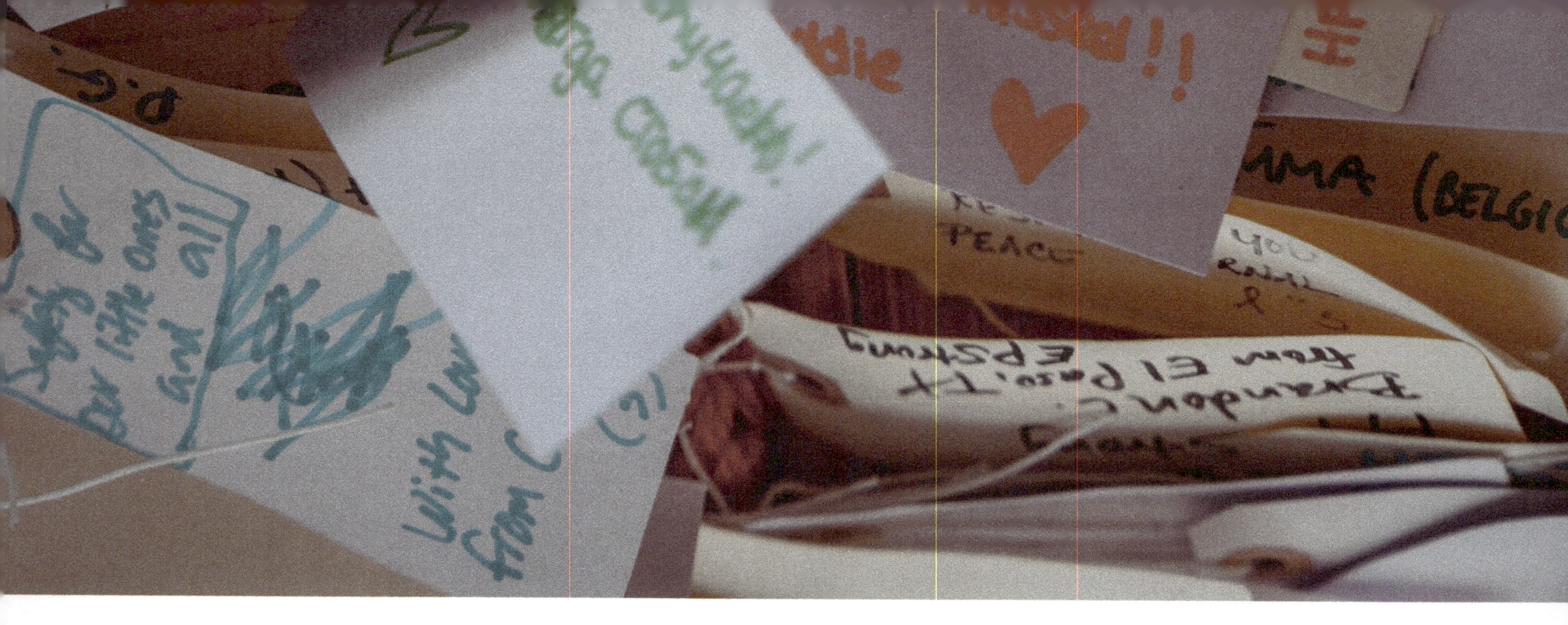

ACTION // ACCION

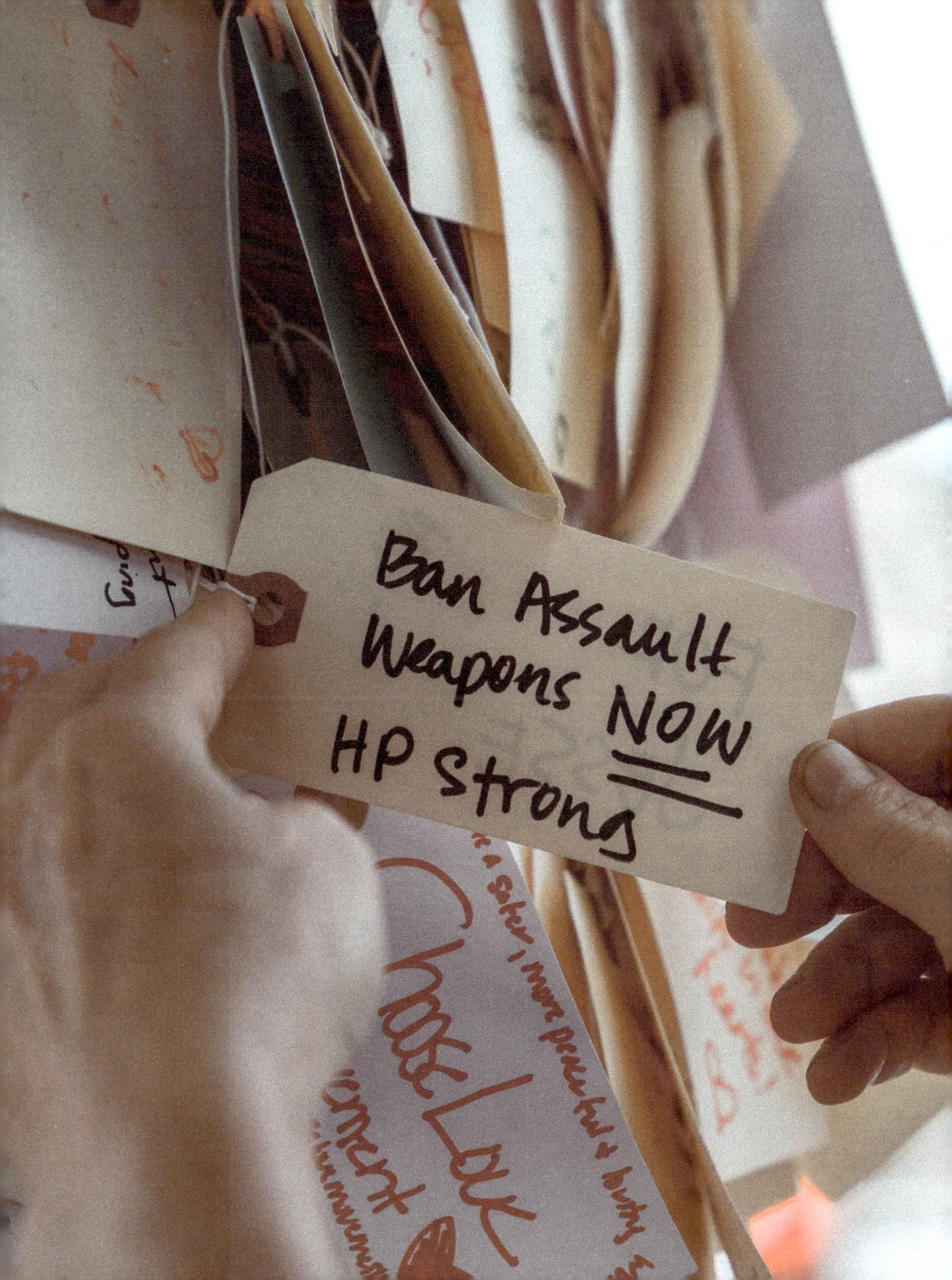

Ban Assault
Weapons NOW
HP Strong

From pain + grief must come change andpeace. I'm done hoping - let's get on with doing.

Grief when witnessed, becomes story.

A story when shared becomes movement.

And movement, when rooted in love, becomes action.

By the time music threaded itself into the daily rhythm of mourning, grief started to evolve into something else. Not relief. Not peace. But clarity. Purpose.

The pain had not lessened, but it found a direction.

El duelo, cuando es visto, se convierte en historia.

Una historia, cuando se comparte, se convierte en movimiento.

Y el movimiento, cuando está enraizado en el amor, se transforma en acción.

Cuando la música se entrelazó con el ritmo diario del luto, el dolor comenzó a transformarse en otra cosa. No en alivio. No en paz. Sino en claridad. En propósito.

El dolor no había disminuido, pero encontró una dirección.

The memorial became both mirror and megaphone. A democratic petition in its purest form. It reminded the community of who we were, and it reminded the nation that we were still here, still standing, still demanding change.

Thousands of notes delivered a moral thunder. Because grief, when it moves, moves us.

And when love leads, even the brokenhearted find their feet.

El memorial se volvió tanto espejo como megáfono. Una petición democrática en su forma más pura. Le recordó a la comunidad quiénes éramos, y le recordó al país que seguíamos aquí, de pie, exigiendo cambio.

Miles de mensajes entregaron un trueno moral. Porque el duelo, cuando se mueve, nos mueve.

Y cuando el amor guía, incluso los corazones rotos encuentran el camino.

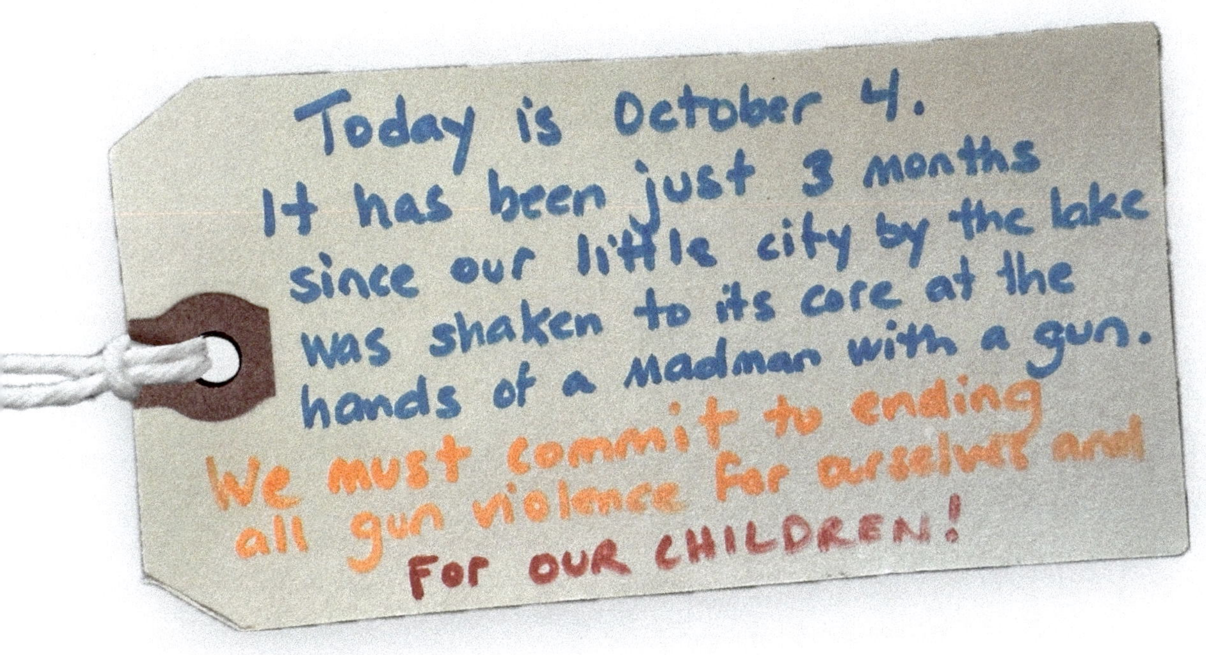

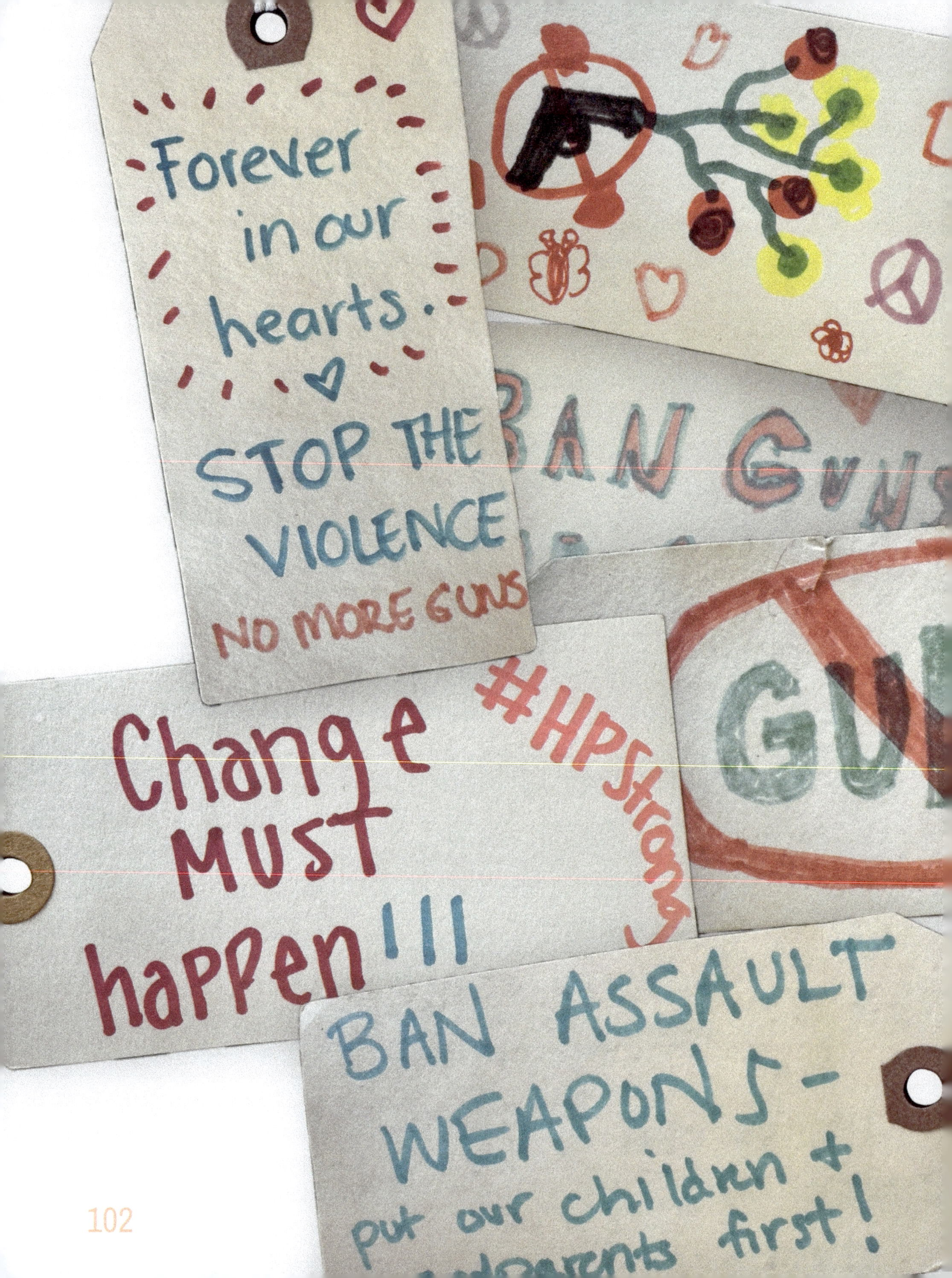

Forever in our hearts.

STOP THE VIOLENCE

NO MORE GUNS

BAN GUNS

GU

Change MUST happen!!!

#HPStrong

BAN ASSAULT WEAPONS - put our children & dparents first!

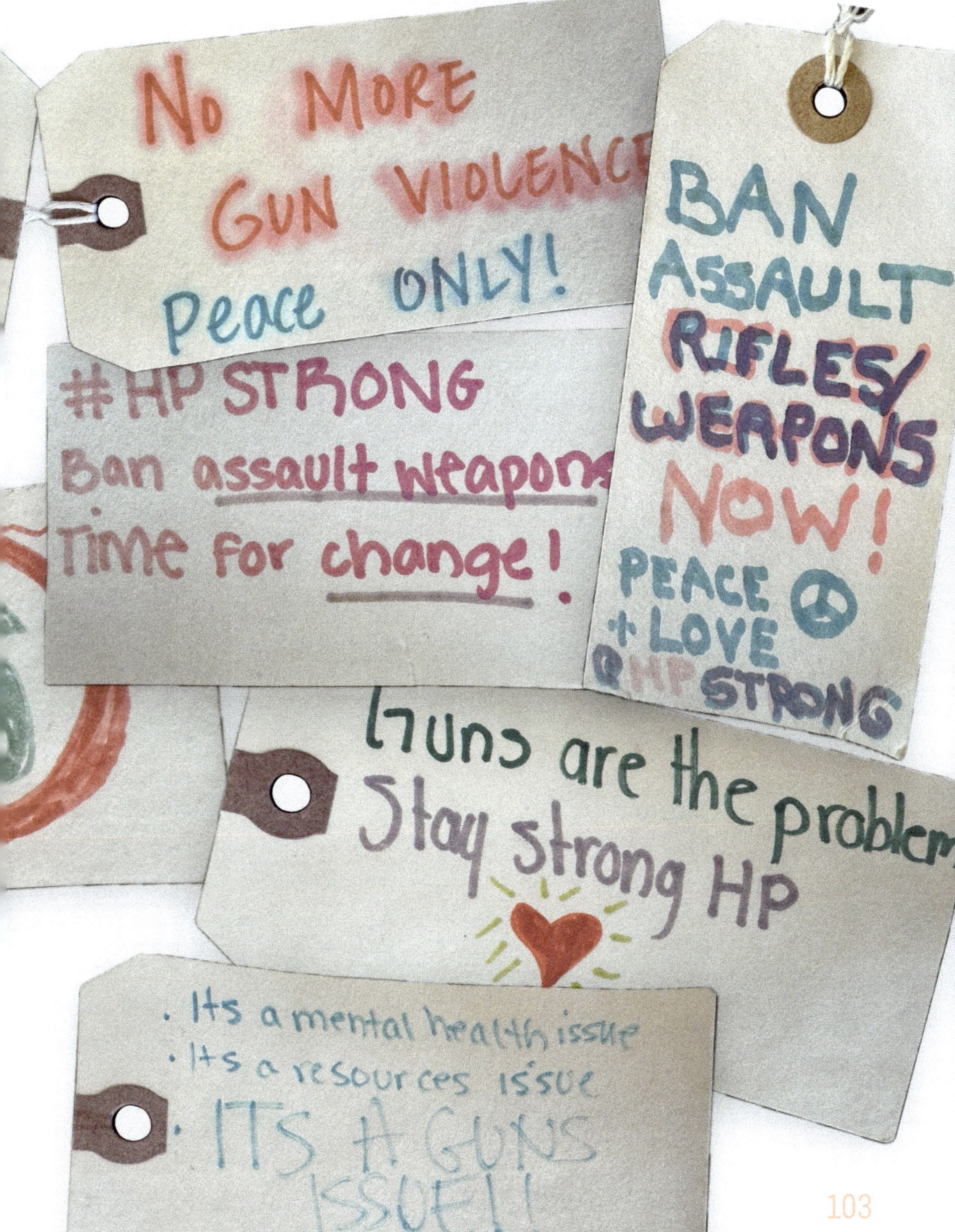
NO MORE GUN VIOLENCE
Peace ONLY!
BAN ASSAULT RIFLES/ WEAPONS NOW!
PEACE + LOVE
#HP STRONG
#HP STRONG
Ban assault weapons
Time for change!
Guns are the problem
Stay strong HP
· Its a mental health issue
· Its a resources issue
· ITS A GUNS ISSUE!!

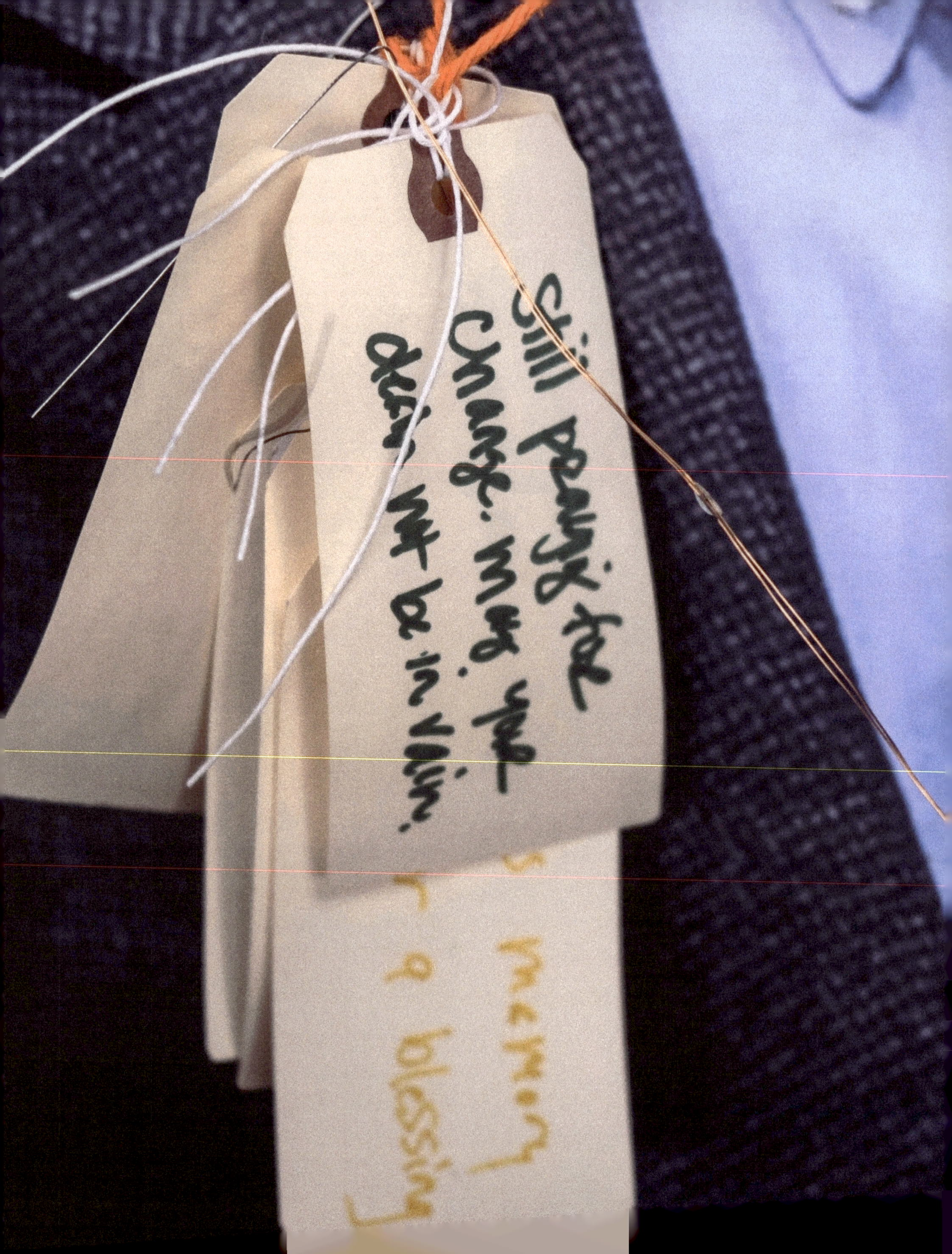
Still praying for
change. May your
desire not be in vain.
memory
a blessing

There's a paradoxical truth in mass tragedy: it simultaneously narrows our world and expands it. Narrow, in that everything else falls away — priorities sharpen, relationships crystallize, distractions dissolve. But expansive, in that it opens our hearts to one another. It breaks the illusion of separateness.

What emerged at the memorial was not a melting pot — it was a mosaic. Each piece kept its distinct shape, its sharp edge, and still, together, they formed something beautiful.

And because it was built through shared labor, shared ritual, and shared sorrow, it created a deeper kind of community rooted not just in geography, but in empathy.

Hay una verdad paradójica en las tragedias masivas: al mismo tiempo que estrechan nuestro mundo, también lo expanden. Se estrecha, porque todo lo demás se desvanece —las prioridades se agudizan, las relaciones se cristalizan, las distracciones se disuelven. Pero se expande, porque nos abre el corazón a los demás. Rompe la ilusión de la separación.

Lo que surgió en el memorial no fue un crisol, sino un mosaico. Cada pieza conservaba su forma distinta, su borde afilado, y aún así, juntas formaban algo hermoso.

Y porque fue construido con trabajo compartido, rituales compartidos y dolor compartido, generó un tipo de comunidad más profunda, enraizada no sólo en la geografía, sino en la empatía.

EVOLUTION // EVOLUCION

A temporary memorial is meant to be just that — temporary. As the seasons changed, so did the conversation. The community began asking difficult questions: *How long should public grief persist? When does reverence turn to resistance?*

Un memorial temporal está destinado a ser solo eso — temporal. Con el cambio de las estaciones, también cambió la conversación. La comunidad comenzó a hacerse preguntas difíciles: *¿Cuánto tiempo debe persistir el duelo público ¿Cuándo la reverencia se convierte en resistencia?*

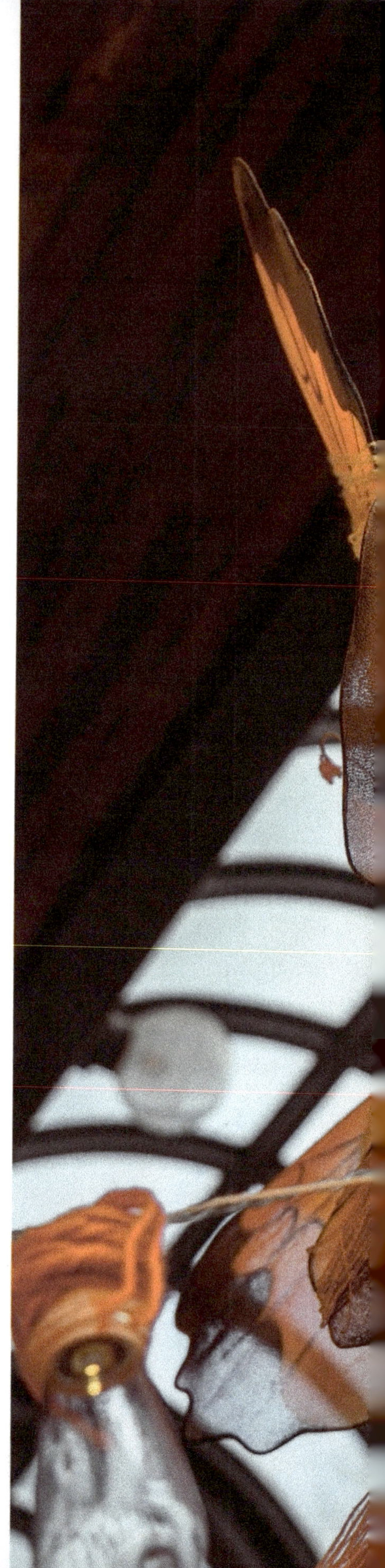

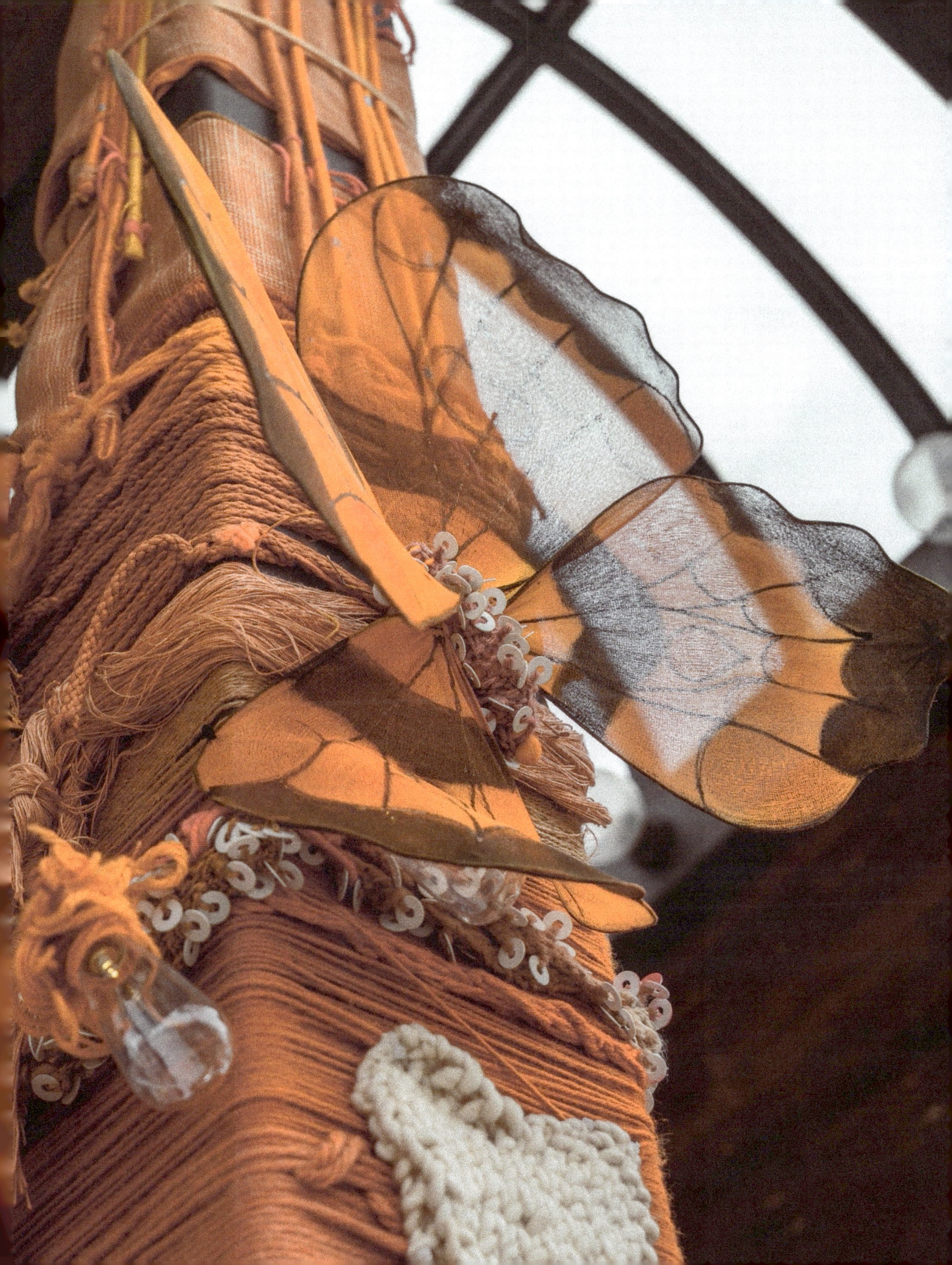

And here's where things get sticky. The Department of Justice recommends that temporary memorials be in place for no more than two weeks. Their rationale is straightforward: Prolonged exposure can re-trigger trauma, complicate healing, and shift attention away from the broader work of recovery.

There are politics and practicalities to consider: Snow removal and sanitation, ego, property values, and pedestrian flow. The civic machine must keep turning.

Y aquí es donde las cosas se complican. El Departamento de Justicia recomienda que los memoriales temporales permanezcan por no más de dos semanas. Su razonamiento es claro: la exposición prolongada puede reactivar el trauma, dificultar la sanación y desviar la atención del trabajo más amplio de recuperación.

Hay políticas y realidades prácticas que considerar: remoción de nieve y saneamiento, ego, valor de las propiedades, y el flujo peatonal. La maquinaria cívica debe seguir funcionando.

And perhaps because the nightmare happened here — in a town with resources, with reach, with privilege — there came a deeper responsibility to lead. Highland Park could not undo what was done. But it could model what it means to honor the aftermath.

The tension was not between artists and authorities, or the people and their leaders. It was between time and memory. Between the impulse to move forward and the ache to stay close. Between the blessed messiness of mourning and the neatness required by governance.

Still, the time came when the city called for its removal. With a heavy heart, the core group of artists, together with the victims' families honored that request.

An expression that had taken three months to build was dismantled in just over three hours.

Y quizás, porque la pesadilla ocurrió aquí — en una ciudad con recursos, con alcance, con privilegio — surgió una responsabilidad más profunda de liderar. Highland Park no podía deshacer lo ocurrido. Pero sí podía mostrar lo que significa honrar las secuelas.

La tensión no era entre artistas y autoridades, ni entre el pueblo y sus líderes. Era entre el tiempo y la memoria. Entre el impulso de seguir adelante y el anhelo de permanecer cerca. Entre el bendito desorden del duelo y el orden necesario del gobierno.

Aun así, llegó el momento en que la ciudad pidió su retiro. Con el corazón pesado, el grupo central de artistas, junto con las familias de las víctimas, honraron esa solicitud.

Una expresión que tomó tres meses en construirse fue desmantelada en poco más de tres horas.

When something so steeped in memory and meaning is swept away, the ache it leaves can echo the very sorrow that summoned it.

For those of us who tended the memorial — who absorbed collective anguish like silent sin-eaters — seeing the memorial contents boxed like tired Christmas ornaments felt like grief reopening itself, raw and senseless, all over again.

Cuando algo tan cargado de memoria y significado es barrido, el vacío que deja puede resonar como la misma pena que lo originó.

Para quienes cuidamos el memorial — quienes absorbimos la angustia colectiva como comedores de pecado en silencio— ver su contenido empacado como adornos navideños cansados fue como abrir de nuevo la herida del duelo, cruda e incomprensible, una vez más.

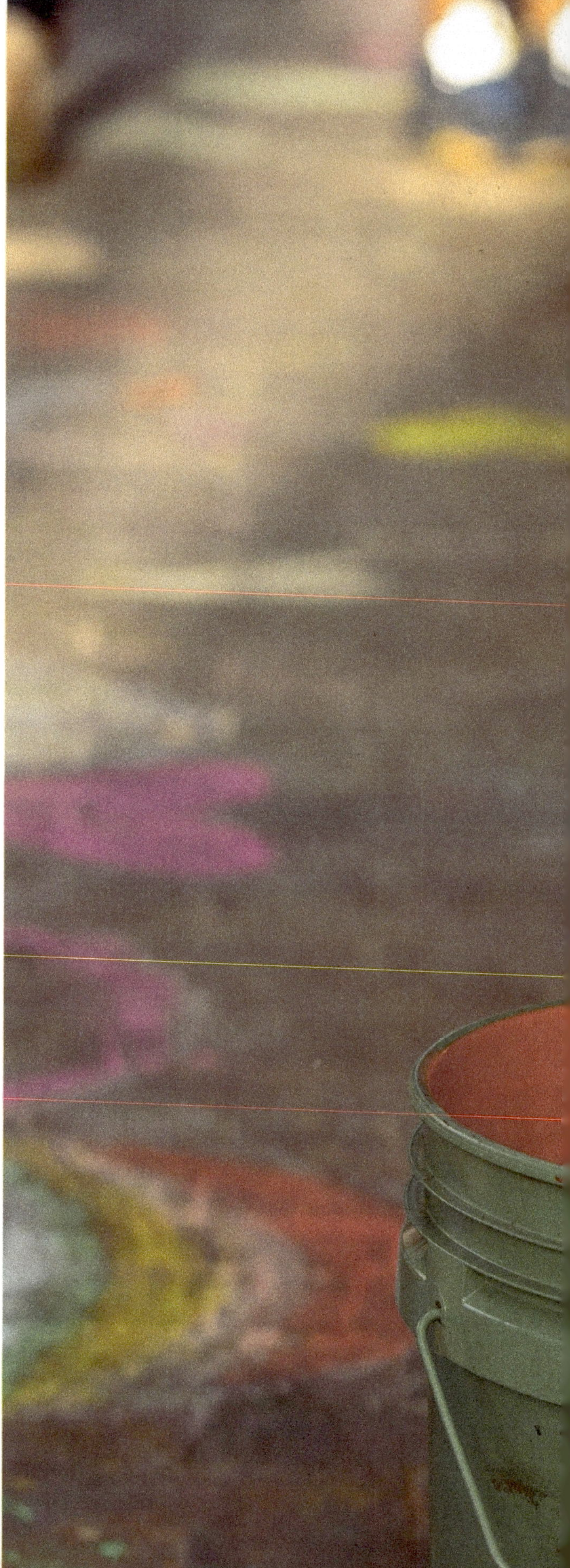

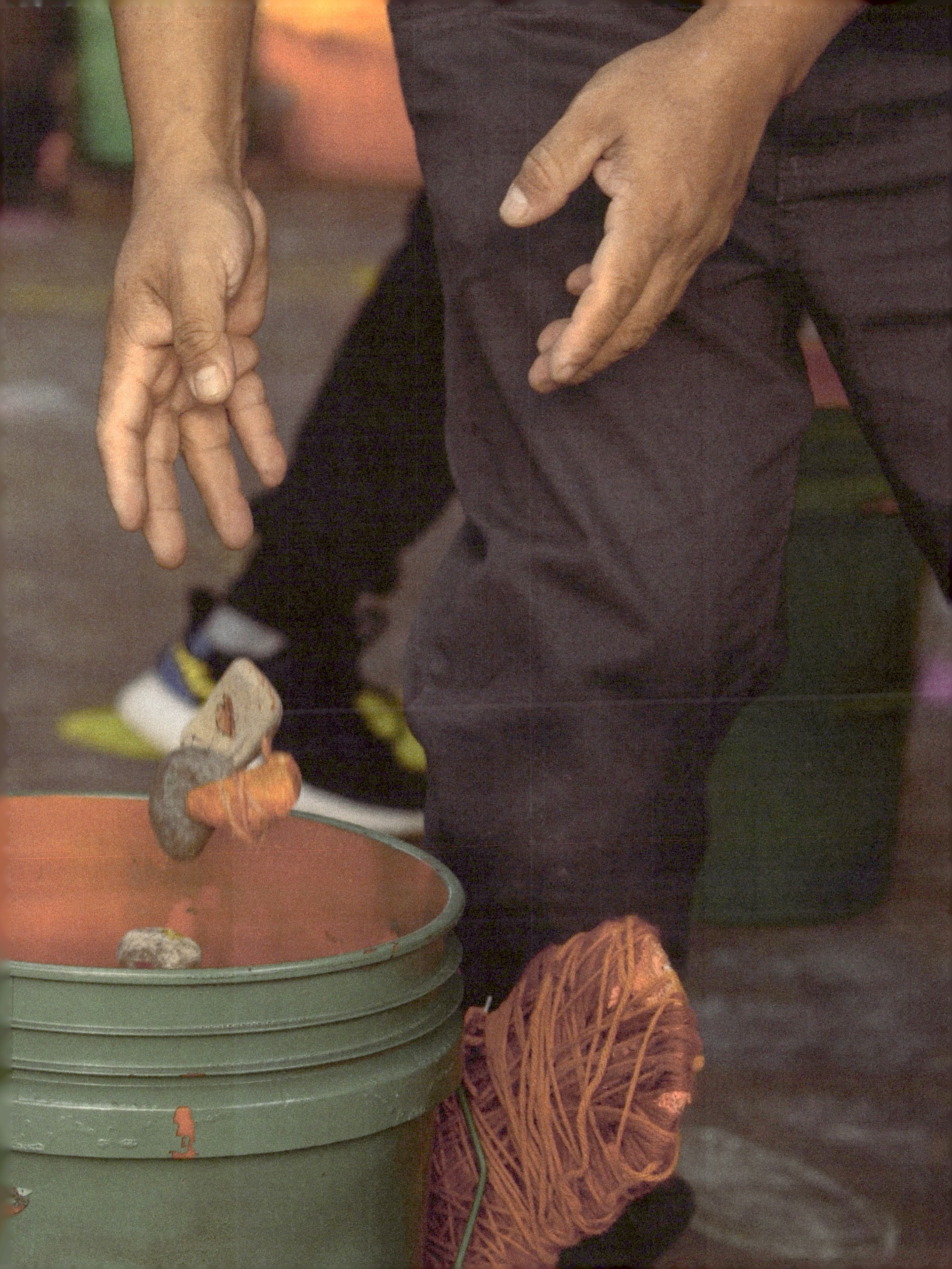

Grief, like water, always finds a way. It seeps across borders, gathers in quiet corners, and when the moment allows, moves toward transformation.

After the Covenant School mass shooting, Nashville's Contemporary Art Museum invited us to reassemble the Highland Park memorial. Amidst magnolias, artists, musicians, activists, survivors, clergy, and civic leaders came together to craft and commune. Once again, it was the music that lifted us and made us strong.

El duelo, como el agua, siempre encuentra un camino. Se filtra a través de fronteras, se acumula en rincones silenciosos y, cuando el momento lo permite, se mueve hacia la transformación.

Tras el tiroteo en la escuela Covenant, el Museo de Arte Contemporáneo de Nashville nos invitó a reconstruir el memorial de Highland Park. Entre magnolias, artistas, músicos, activistas, sobrevivientes, líderes religiosos y cívicos se reunieron para crear y compartir. Una vez más, fue la música la que nos elevó y nos dio fuerza.

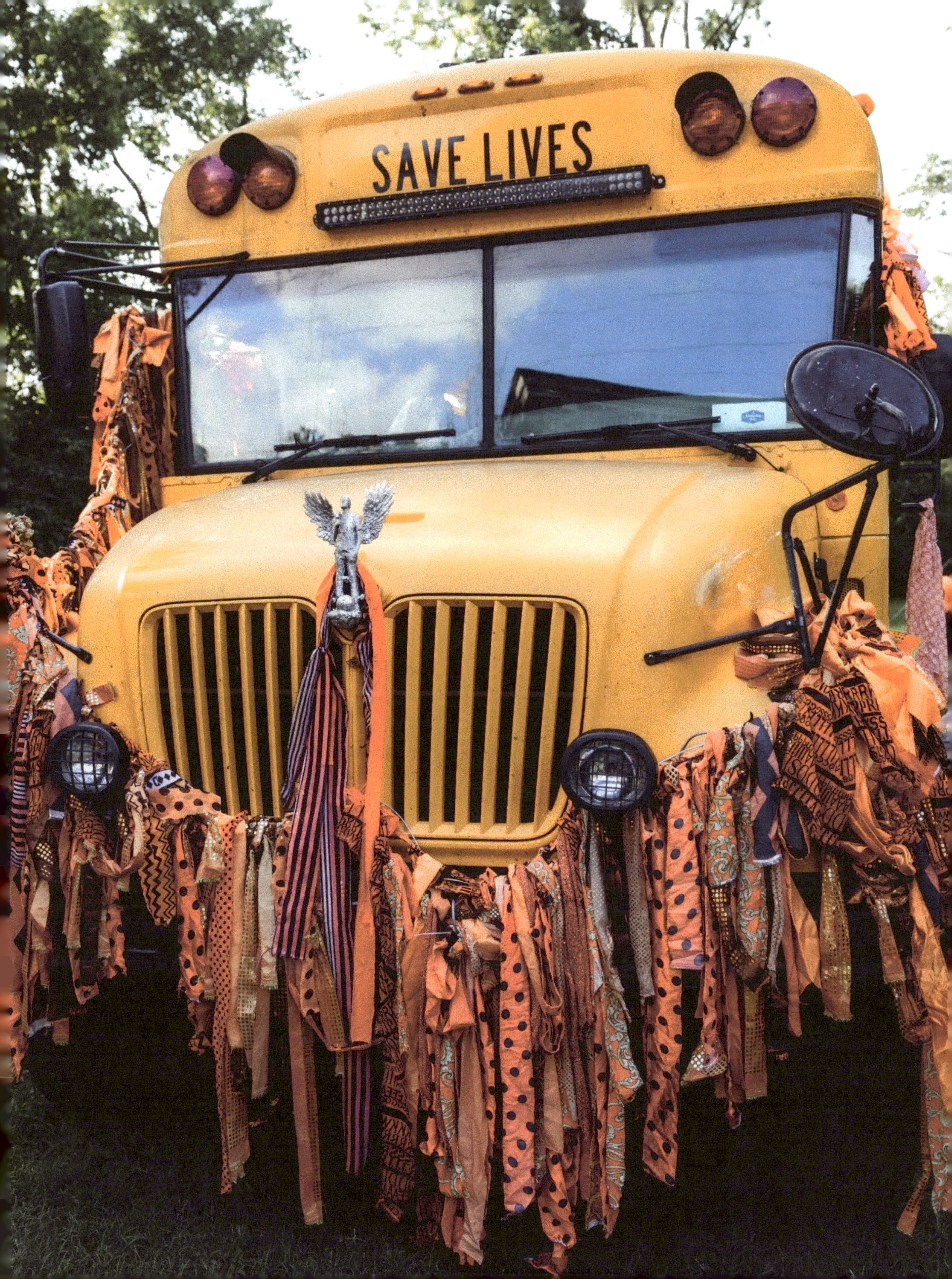
SAVE LIVES

Tennessee Representative Justin Jones placed a chair from the memorial outside his office door along with the same piece of fabric Illinois Senator Dick Durbin hung from his microphone throughout the Senate Judiciary Committee hearing on gun violence. One embroidered word traveled from North to South: ENOUGH.

Just as it had in Highland Park, the redoubled civic expression served as a backdrop for change. Orange chairs began appearing on porches, stoops, and church lawns across the state. Business owners painted murals and trees. A movement had taken root.

El Representante de Tennessee Justin Jones colocó una silla del memorial frente a la puerta de su oficina, junto con el mismo trozo de tela que el Senador de Illinois Dick Durbin había colgado de su micrófono durante la audiencia del Comité Judicial del Senado sobre la violencia armada. Una sola palabra bordada viajó del norte al sur: BASTA.

Así como sucedió en Highland Park, esta expresión cívica redoblada se convirtió en telón de fondo para el cambio. Sillas naranjas comenzaron a aparecer en porches, escalinatas y jardines de iglesias en todo el estado. Propietarios de negocios pintaron árboles y murales. Había echado raíces un movimiento.

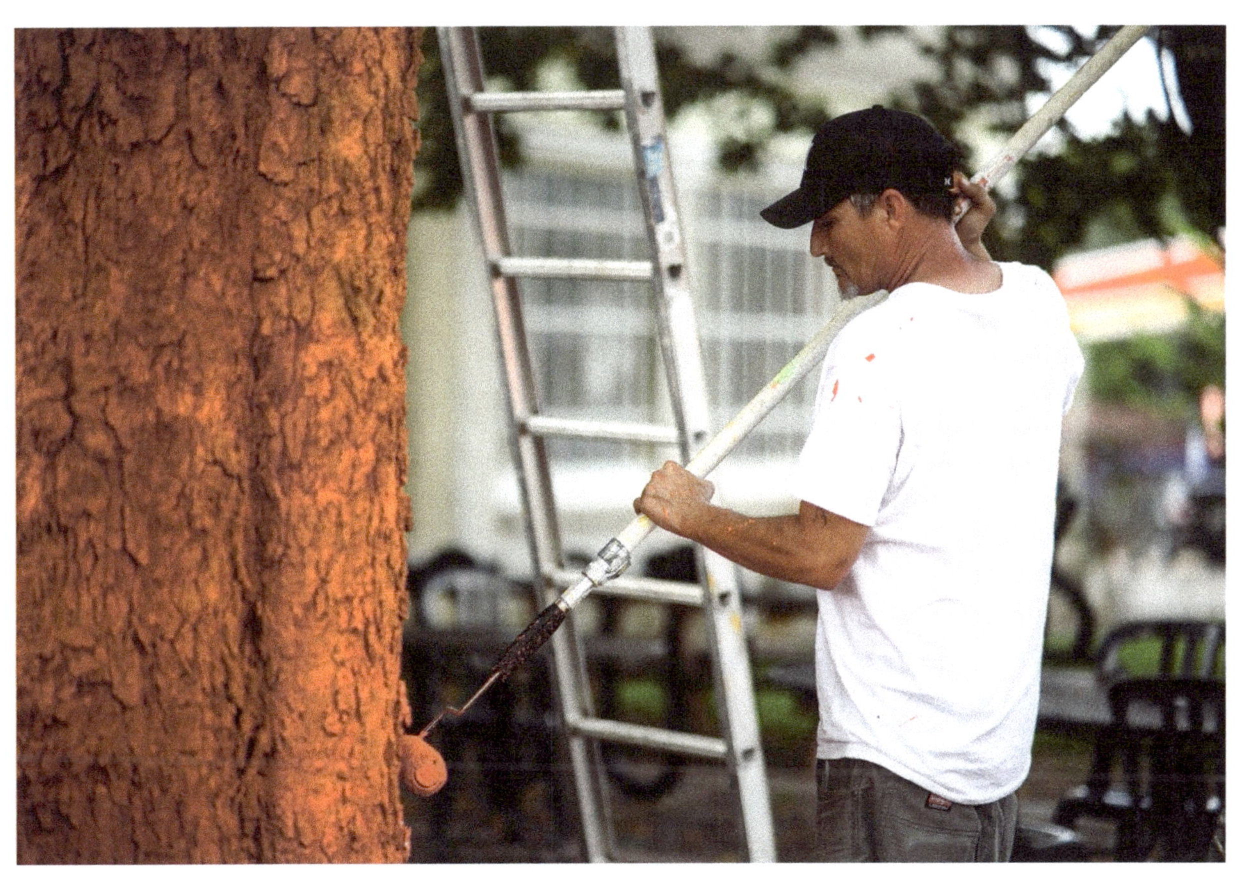

In advance of Tennessee's special legislative session on public safety, activists distributed fabric strips to every member of the legislature, following the same playbook used by Moms Demand Action in the Illinois' Statehouse and March For Our Lives in the United States Congress.

Antes de la sesión legislativa especial sobre seguridad pública en Tennessee, activistas distribuyeron tiras de tela a cada miembro de la legislatura estatal, siguiendo la misma estrategia utilizada por Moms Demand Action en el Capitolio de Illinois y por March For Our Lives en el Congreso de los Estados Unidos.

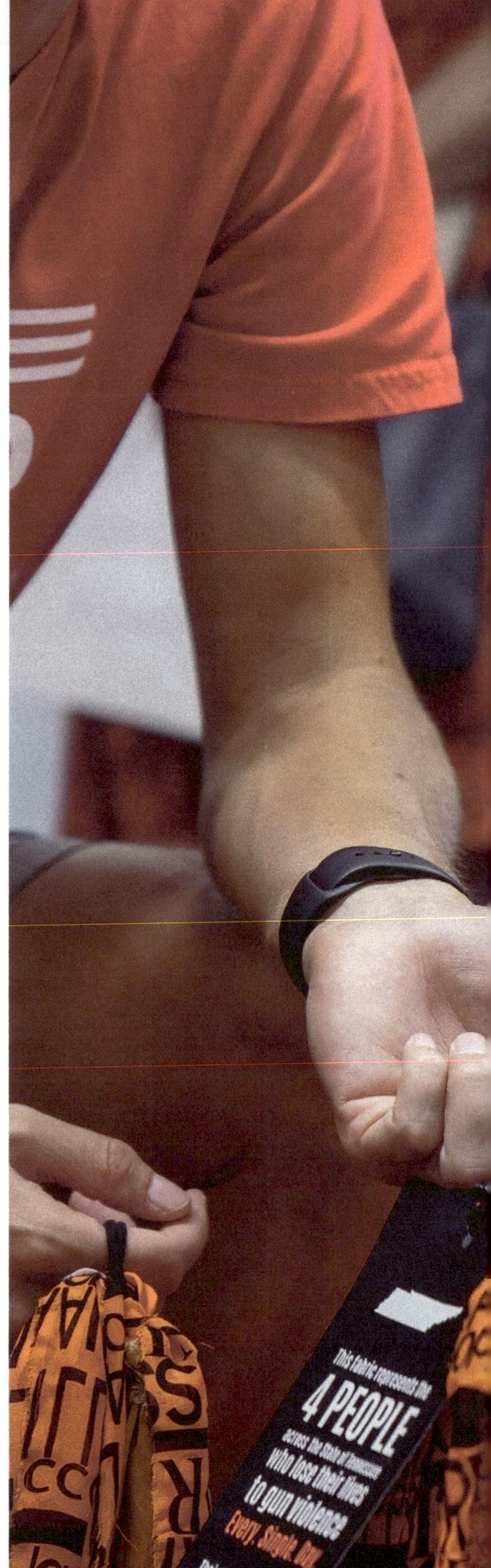

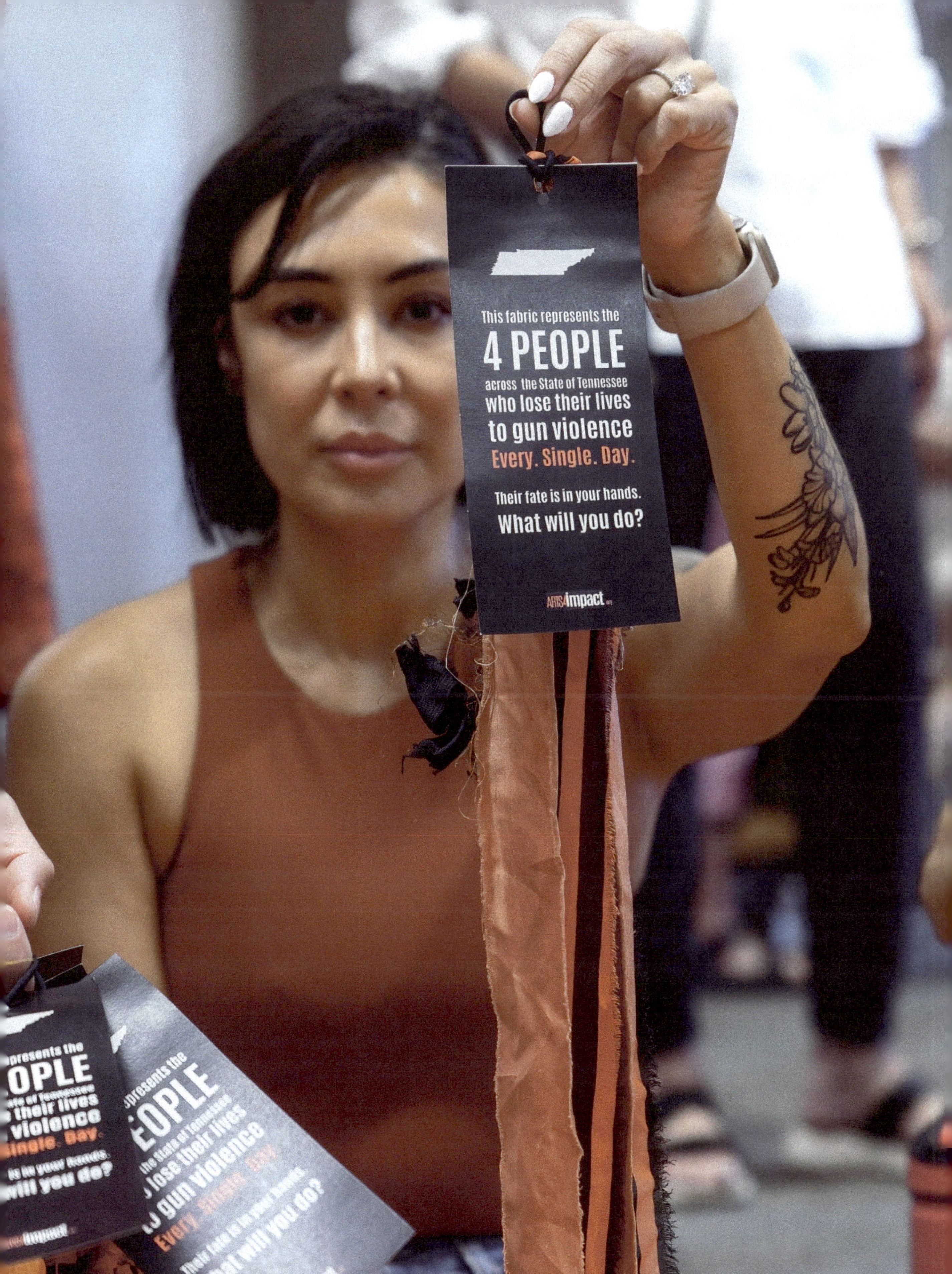
This fabric represents the
4 PEOPLE
across the State of Tennessee
who lose their lives
to gun violence
Every. Single. Day.
Their fate is in your hands.
What will you do?
ARTS4impact

When the next tragedy strikes
— as it inevitably will — the expression will rise again, reimagined, and insistently present.

Cuando ocurra la próxima tragedia
— como inevitablemente ocurrirá — la expresión volverá a surgir, reinventada, y obstinadamente presente.

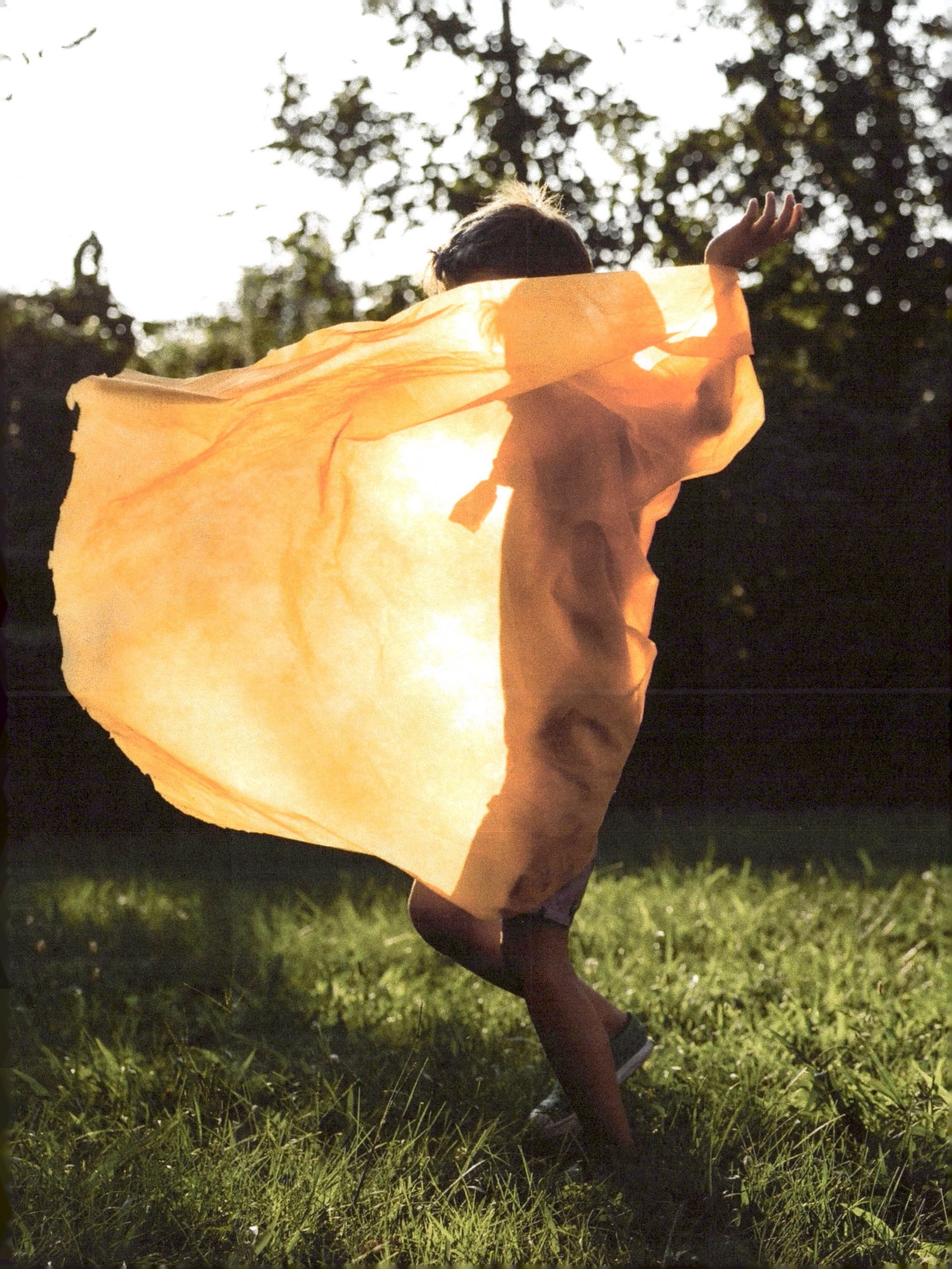

CONCLUSION // CONCLUSIÓN

In time, Highland Park will erect a permanent memorial that will surely bring solace to many, but what we created that summer will endure. Not in granite or bronze, but in memory, in story, in relationships forged where sorrow met song.

Con el tiempo, Highland Park erigirá un memorial permanente que, sin duda, brindará consuelo a muchos. Pero lo que creamos aquel verano perdurará. No en granito ni en bronce, sino en la memoria, en el relato, en los lazos tejidos donde el dolor se encontró con la canción.

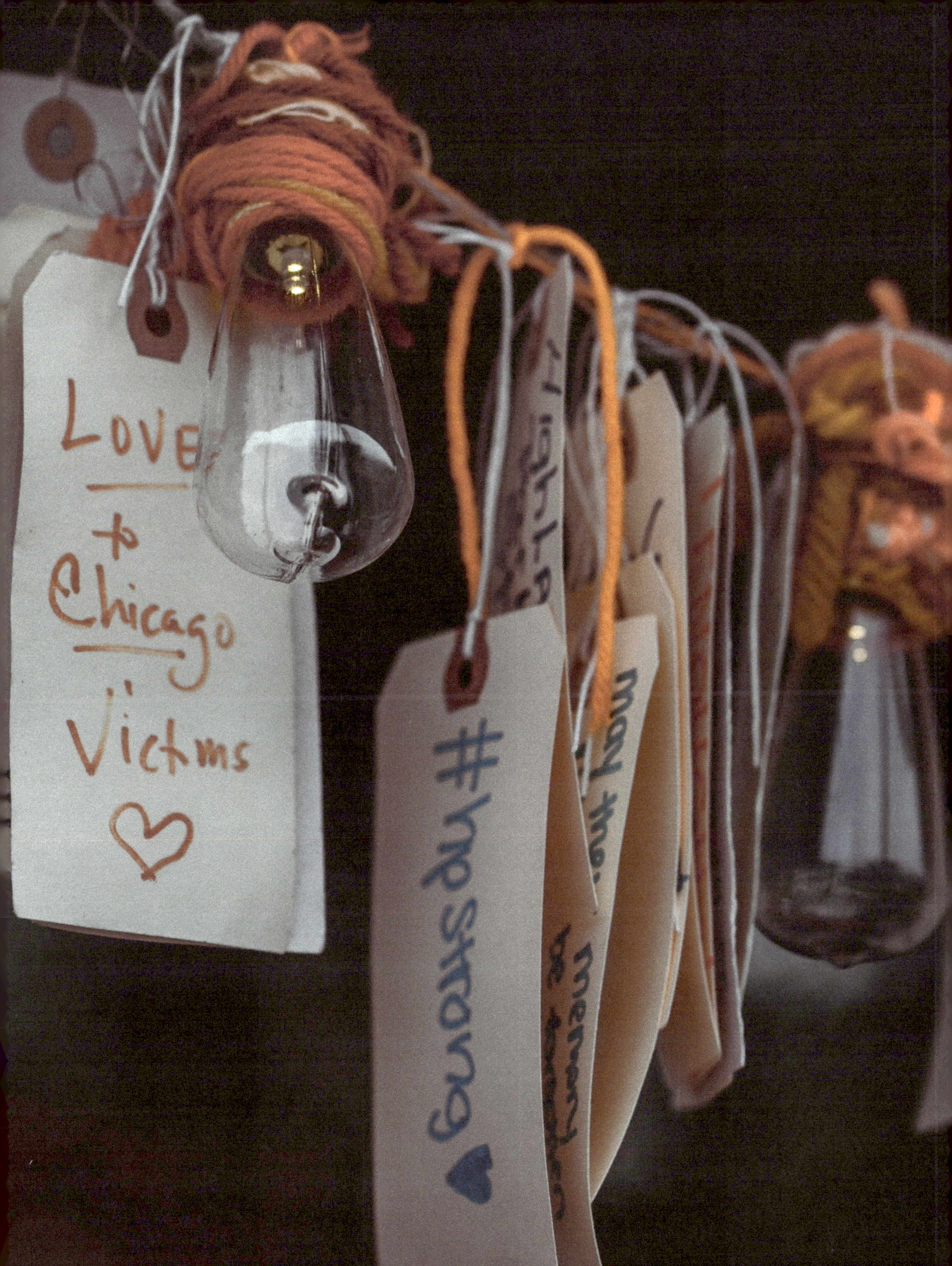
LOVE to Chicago Victms
#hpstrong

In this, art plays a singular role. Art reaches us not through argument, but emotion. It bypasses ideology and lands in the body. It softens us. Startles us. Opens us.

It offered a path not out of grief, but through it. And at the center of every stage is the human longing to be safe. To be seen. To belong. To love and be loved, still.

A placard in front of the altars read:

Leave what you want.
Take what you need.

That invocation remains.
Godspeed.

En esto, el arte cumple un papel único. El arte no nos alcanza a través del argumento, sino de la emoción. Elude la ideología y aterriza en el cuerpo. Nos ablanda. Nos sacude. Nos abre.

Ofreció un camino no para salir del duelo, sino para atravesarlo. Y en el centro de cada etapa está el anhelo humano de sentirse seguro. De ser visto. De pertenecer. De amar y ser amado, todavía.

Un cartel frente a los altares decía:

Deja lo que quieras.
Toma lo que necesites.

Esa invitación sigue en pie.
Que Dios te acompañe.

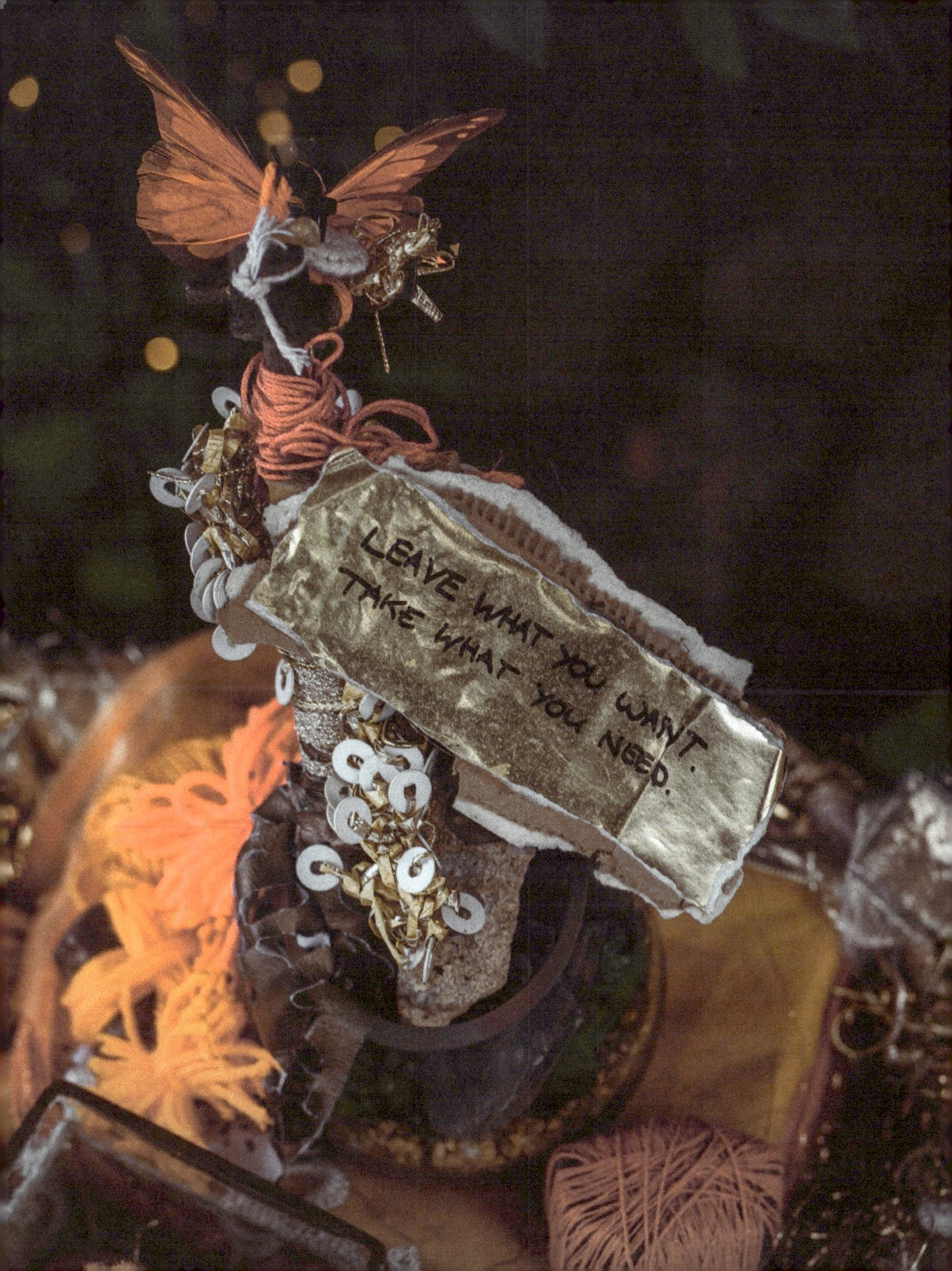
LEAVE WHAT YOU WANT.
TAKE WHAT YOU NEED.

GRATITUDE // AGRADECIMIENTOS

Like the memorial itself, this book was built by many hands. Thank you...

Como el propio memorial, este libro fue construido por muchas manos. Gracias...

To Steve Sarowitz, Cindy Wolfson, Cary Rositas-Sheftel, and Arts4Impact's brilliant UChicago Metcalf Fellows Ethan Moore, Isabel Villalobos, Isabella Buccieri, and Ellie Wu —

For believing in this work and making it possible.

Por creer en esta obra y hacerla posible.

To Dick Durbin, Brad Schneider, Julie Morrison, Andrés Tapia, Bob Morgan, Wayne Meisel, Jonathan Plotkin, the Josselyn Center, Museum of Contemporary Art Nashville, Cë Gallery, Justin Jones, Shaundelle Brooks, and Manny & Patricia Oliver —

For championing the power of art to open hearts and move minds.

Por defender el poder del arte para abrir corazones y transformar conciencias.

To Jamie Kelter Davis, Jim Vondruska, Brandy Byrd, and Emily April Allen —

For seeing what needed to be seen.

Por ver lo que necesitaba ser visto.

To Jon Siskel —

For honoring the spirit of our community in his poetic documentary, 'Memorial.'

Por honrar el espíritu de nuestra comunidad en su poético documental, 'Memorial.'

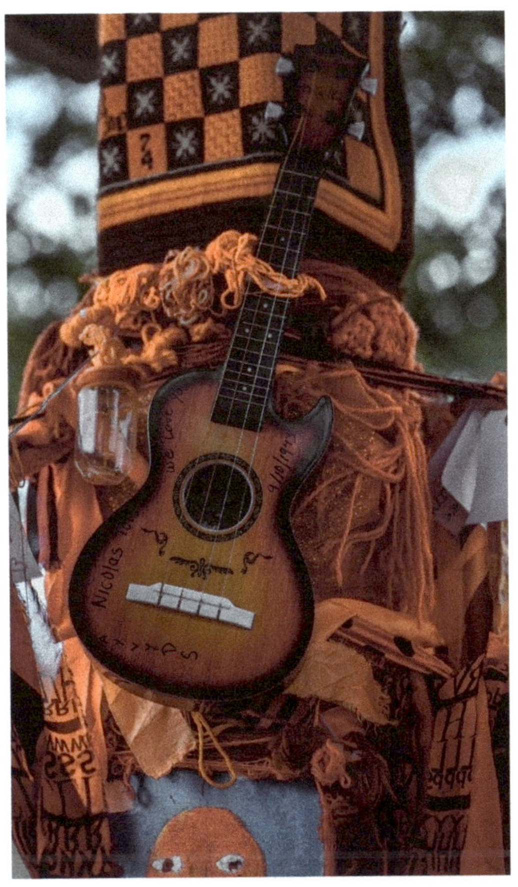

To Maya, Zach, Bobby, Lynn, Harvey the Cookie Man, Sholo, Allison, Terri, Suzie, Jill, Nina, Loinel, Karen, Rachel, Sandy, Jeff, Brett, Stephanie, Dana, Stacy, Joanne, Maggie, Lexi, Ashbey, Nicholas, Kathy, Anand, Jeffrey, Ryan, Thomas, Jamie, Earl, Nancy, Eddie, and our beloved Hank —

For showing up and manifesting magic.
Por hacerse presentes y manifestar magia.

To Laurie, Doug, Evan, Katie, Aldane, Samuel, Cameron, Ayden, Sarayah, Emmie, Wyatt, Josh, Julia, Herb, Margo, Linda, Bonnie, Maryium, Bob, Melody, Sheila, Eve, Lizzie, Ingrid, Elizabeth, Olivia, Michael, Sarah, Alexis, Logan, Natalie, and Veronica —

For evolving the expression and using your powerful voice for change.
Por hacer evolucionar la expresión y usar tu poderosa voz para el cambio.

And to victims' families, survivors, artists, musicians, volunteers, merchants, first responders, city officials, and the good people of Highland Park, Nashville, and beyond who came to create and commune —

Thank you for trusting us with your voice.

Y a las familias de las víctimas, sobrevivientes, artistas, músicos, voluntarios, comerciantes, personal de emergencia, funcionarios municipales y a las buenas personas de Highland Park, Nashville, y más allá que vinieron a crear y compartir —

Gracias por confiar en nosotros con su voz.

May this work move into the world with the same courage, tenderness, and radical generosity that built it.

Que esta obra salga al mundo con la misma valentía, ternura y generosidad radical con la que fue creada.

ABOUT // ACERCA DE

Jacqueline von Edelberg is a Highland Park-based artist, author, activist, and Founder and Executive Director of Arts4Impact, a nonprofit that empowers local creatives to spark dynamic art activations to drive systemic change. Her social practice has informed legislation, inspired several books and documentaries, and amplified pivotal civic movements.

She first gained national recognition for leading the community effort to revitalize Nettelhorst, a struggling public elementary school in Chicago, chronicled in her book, *How to Walk to School: Blueprint for a Neighborhood School Renaissance.*

After the July 4th shooting, Jacqueline sparked an arts memorial that delivered three months of live music and collaborative craft. The civic expression was heralded as a new kind of "living" memorial, providing a sacred space for tens of thousands of visitors to grieve, reflect, and make their voice heard.

*Find her at Arts4Impact.org and @Arts4Impact_*

Jacqueline von Edelberg es una artista, autora, activista y fundadora y directora ejecutiva de Arts4Impact, una organización sin fines de lucro que empodera a los artistas locales para generar activaciones artísticas dinámicas para impulsar un cambio sistémico. Su práctica social ha influido en la legislación, ha inspirado varios libros y documentales, y ha amplificado movimientos cívicos fundamentales.

Obtuvo reconocimiento nacional por liderar el esfuerzo de la comunidad para revitalizar Nettelhorst, una escuela primaria pública en dificultades en Chicago, relatada en su libro, How to Walk to School: Blueprint for a Neighborhood School Renaissance (Cómo Caminr a la Escuela: Un Anterpoyecto para el Renacimiento de una Escuela del Barrio).

Después del tiroteo del 4 de julio, Jacqueline inició un memorial de las artes que ofreció tres meses de música en vivo y artesanía colaborativa. La expresión cívica fue anunciada como un nuevo tipo de monumento "viviente", que proporciona un espacio sagrado para que decenas de miles de visitantes lloren, reflexionen y hagan oír su voz.

*Encuéntrela en Arts4Impact.org y @Arts4Impact_*

PHOTOGRAPHERS // FOTÓGRAFOS

Jamie Kelter Davis // jamiekelterdavis.com // @jaymiey
is a Chicago-based freelance photojournalist and documentary photographer. She is a frequent contributor to The New York Times, The Washington Post, Politico, and The New Yorker Magazine.
es una fotoperiodista y fotógrafa documental independiente con sede en Chicago. Es colaboradora frecuente de The New York Times, The Washington Post, Politico y The New Yorker Magazine.

Jim Vondruska // jimvondruska.com // @jimvondruska
is a freelance photographer and photojournalist, born and raised on the west side of Chicago. He is a frequent contributor to Getty, Reuters, and Redux.
es un fotógrafo y fotoperiodista independiente, nacido y criado en el lado oeste de Chicago. Es colaborador frecuente de Getty, Reuters y Redux.

Brandy Byrd // bbyrd.com // bbyrd.photo
is a Nashville-based graphic designer turned photographer, storyteller, and corporate brand builder.
es una diseñadora gráfica con sede en Nashville que se convirtió en fotógrafa, narradora y creadora de marcas corporativas.

Emily April Allen // emilyaprilallenphoto.com // @emilyaprilallenphoto
is a queer photographer based in Nashville whose work focuses on expanding visibility and documenting community.
es una fotógrafa judía queer con sede en Nashville cuyo trabajo se centra en ampliar la visibilidad y documentar a la comunidad.

ENDNOTES // NOTAS FINALES

PHOTOS // FOTOS

JAMIE KELTER DAVIS

Back cover, 1, 2–5, 8–9, 13–15, 20–23, 29, 34, 64–65, 68, 81–83, 96-99, 106–107, 121, 123, 125, 139, 144

JIM VONDRUSKA

Front cover, 6–7, 26, 30–31, 46–47, 48, 53, 60–61, 76–77, 84, 89, 90–91, 104, 110-11, 140-3

EMILY APRIL ALLEN

17, 54–55, 94, 113, 119

BRANDY BYRD

115-117

INTRODUCTION // INTRODUCCION

18 Keep the 'HP' in HOPE. • Embrace HOPE.

Mantengan la 'HP' en ESPERANZA. • Abracen la ESPERANZA.

19 May the healing begin. May we become strong, be kind, be compassionate, and most important — love

Que comience la sanación. Que nos volvamos fuertes, amables, compasivos y, lo más importante, que amemos.

24 Love, Kindness, and Home • The heart and the soul. • We forever remember.

Amor, Bondad y Hogar • El corazón y el alma • Recordamos por siempre.

SHOCK // CONMOCION

32 This is where I grew up. I never thought this could happen here

Aquí crecí. Nunca pensé que algo así pudiera pasar aquí

33 When will it stop? • Never thought anything like this would happen in HP. We were wrong. Evil has no boundaries. • It's not OK. We will never be the same. • How do you cope with something that never should've happened? Peace and love to all. We need policy change HP strong. • I just ran. I wish I could have done more.

¿Cuándo se detendrá? • Nunca pensamos que algo así podría pasar en HP. Estábamos equivocados. El mal no tiene límites. • No está bien. Nunca seremos los mismos. • ¿Cómo enfrentas algo que nunca debió haber ocurrido? Paz y amor para todos. Necesitamos un cambio de políticas. HP fuerte. • Solo corrí. Ojalá hubiera podido hacer más.

ANGER // ENOJO

38 My hand was shot. My heart was wounded. My brain is angry. My loved ones were safe. The world feels forever changed.

Me dispararon en la mano. Mi corazón fue herido. Mi mente está llena de rabia. Mis seres queridos están a salvo. El mundo se siente cambiado para siempre.

39 We are with you! They love this country but why doesn't this country love them back? makes me so angry!

¡Estamos con ustedes! Ellos aman este país, ¿pero por qué este país no los ama de vuelta? ¡Esto me llena de rabia!

40 I hope the legal system gives the gun man what he deserves.

Espero que el sistema judicial le dé al tirador lo que se merece.

I hope the legal system gives the gunman what he deserves. Nobody deserves this Robert Crimo ruined a lot of lives. He needs to be found guilty and needs the death penalty. He ruined my family. It's not going to be better. I love you, Poppy

Espero que el sistema judicial le dé al atacante lo que merece. Nadie merece esto. Robert Crimo arruinó muchas vidas. Debe ser declarado culpable y recibir la pena de muerte. Arruinó a mi familia. Nada volverá a ser igual. Te amo, Poppy.

41 Stop blaming guns! Don't shoot by themselves! Blame that kid!

¡Dejen de culpar a las armas! ¡Las armas no disparan solas! ¡Culpen a ese chico!

I blame that punk asshole and his shit bag dad! Rot in hell.

¡Culpo a ese imbécil y a su asqueroso padre!

42-3 Enough is enough no more lives lost • Our children deserve better • Enough is enough • Your memories will win the day • We are with you and we will fight for change • Words are not enough we demand action • Right now is a time in need of change let's be the community to lead to do better for all children • If not now when? • So much love for you HP • Turn grief into action • Never again.

Ya basta, ni una vida más perdida • Nuestros hijos merecen algo mejor. Ya basta • Sus recuerdos prevalecerán • Estamos con ustedes y lucharemos por el cambio • Las palabras no bastan, exigimos acción • Ahora es el momento del cambio; seamos la comunidad que lidere y haga lo mejor para todos los niños • Si no es ahora, ¿cuándo? • Mucho amor para ustedes, HP • Convirtamos el duelo en acción • Nunca más.

44 For this generation walks as in Hades, without the divine – Holderlin

Esta generación camina como en el Hades, sin lo divino. – Hölderlin

SADNESS // TRISTEZA

48 Poppy it hasn't gotten any easier. I miss you so much. I need you. I love you. I miss you so much, Papi. T.

Poppy, no se ha vuelto más fácil. Te extraño tanto. Te necesito. Te amo. Te extraño muchísimo. Papi. T.

I wish this never happened to you. I'm in so much pain, Poppy now I can't sing with you after school – Sophia

Ojalá esto nunca te hubiera pasado. Estoy con tanto dolor, Poppy… ahora ya no puedo cantar contigo después de la escuela. – Sophia

49 Why?

¿Por qué?

50 I am so sad for what happened – the suffering and loss of life. May we all help to make a better future.

Estoy muy triste por lo que ocurrió — por el sufrimiento y la pérdida de vidas. Que todos ayudemos a construir un futuro mejor.

51 I was with you when you died. I am so sorry. I was the last face you saw and not your family. – HPH x-ray

Estuve contigo cuando moriste. Lo siento muchísimo. Fui el último rostro que viste, y no el de tu familia. – HPH rayos X

Very sad about what I'm writing and feeling. God, give strength to the survivors and families. No more guns and more support!

Muy triste lo que estoy escribiendo y sintiendo. Dios, dales mucha fuerza a los sobrevivientes y familias. ¡No más armas y más ayuda!

There are no words the sadness I feel for the victims and their families cannot be understated. We will heal as a country. If we remember we are more similar than we are different.

No hay palabras. La tristeza que siento por las víctimas y sus familias no se puede expresar con justicia. Sanaremos como país, si recordamos que somos más parecidos que diferentes.

53 Jacki was here for everyone. Now, it's our turn to be here for you now. Always.• You will never be forgotten.

Jacki estuvo aquí para todos. Ahora, es nuestro turno de estar aquí para ti. Siempre. • Nunca serás olvidada.

FEAR // MIEDO

56 I don't recognize the world we are living in. Sorry.

No reconozco el mundo en el que estamos viviendo. Lo siento.

57 Hadiya Pendleton was 15 years old when she was shot and killed while standing with friends in a park. One week earlier, her drill team performed at President Obama's inauguration. Wear Orange was started on what would've been her 18th birthday. When hunters wear orange and go into the woods, they're saying they're not the target. When we wear it, we're saying we don't want to be the next victim of gun violence.

Hadiya Pendleton tenía 15 años cuando fue asesinada a tiros mientras estaba con amigos en un parque. Una semana antes, su equipo de batucada se había presentado en la inauguración del presidente Obama. "Usa Naranja" comenzó en lo que habría sido su cumpleaños número 18. Cuando los cazadores visten de naranja y entran al bosque, están diciendo que no son el objetivo. Cuando nosotros lo usamos, estamos diciendo que no queremos ser la próxima víctima de la violencia armada.

58-9 Vulnerable • Unnecessary fear • This needs to end • I can't believe this is the world we live in.

Vulnerable • Miedo innecesario • Esto tiene que terminar • No puedo creer que este sea el mundo en el que vivimos.

NUMBNESS // ENTUMECIMIENTO

62 My soul aches, but no tears come. I yearn for a happier day. • This is the best I can say.

Mi alma duele, pero no salen lágrimas. Anhelo un día más feliz. • Esto es lo mejor que puedo decir.

63 This is all too much. Make it end. Enough.

Esto es demasiado. Que termine. Basta ya.

COMPASSION // COMPASION

65 Choose love movement to create a safer, more peaceful, and beautiful world. With love.

Elige el amor como un movimiento para crear un mundo más seguro, pacífico y hermoso. Con amor.

66 Irina, Katherine and Jacki, I will spend the rest of my life fighting to make our world safer for your babies and mine. I am so sorry this country failed you. Thinking of you forever. — An HP mom

Irina, Katherine y Jacki, dedicaré el resto de mi vida a luchar por un mundo más seguro para sus hijos y los míos. Lamento tanto que este país les haya fallado. Pensando en ustedes por siempre. — Una mamá de HP

69 Cooper, you will make it. You will be strong. You are strong. • Cooper, the world is cheering for you. A brave fighter. You are a hero to so many other children. Love the Cohen family, 6, 9, and 11 • Cooper never give up – you can change the world.

Cooper, lo vas a lograr. Serás fuerte. Ya eres fuerte. • Cooper, el mundo te está apoyando. Eres un valiente luchador. Eres un héroe para muchos otros niños. Con cariño, la familia Cohen, 6, 9 y 11 años. • Cooper, nunca te rindas — puedes cambiar el mundo.

70-1 Sending love from Parkland Florida. We understand #HPStrong #MSD Strong • We may never know why, but the how we get through this is by showing love to one another. • Our hearts been with you in California. Now, with tears in her eyes, we're seeing this amazing memorial in person, Judy and Joel (former HP'ers) • Sending Love from Madison, Wisconsin Godspeed from Minnesota. • They mattered love from Ohio • Never forget them, a visitor from Bethesda, Maryland • Peace be with you from San Antonio Texas • You are Angels! Love you, Corpus Christi, Texas • So sorry for your entire community, Maryland mourns with you • Wishing HP strength and solace from Ann Arbor Michigan • Love and condolences from New Jersey. Stop the senseless gun, violence! • Love and kindness and support will never be wasted from Evanston • With Love from your neighbors in Deerfield. We will not forget we will fight for change. May their memories be a blessing.

Enviando amor desde Parkland, Florida. Entendemos #HPFuerte #MSDFuerte • Puede que nunca sepamos por qué, pero la manera en que salimos adelante es mostrando amor los unos a los otros. • Nuestros corazones han estado con ustedes desde California. Ahora, con lágrimas en los ojos, estamos viendo este asombroso memorial en persona. —Judy y Joel (ex-residentes de HP) • Enviando amor desde Madison, Wisconsin • Que Dios los bendiga desde Minnesota • Ellos importaban. Con amor desde Ohio • Nunca los olvidaremos. Una visitante de Bethesda, Maryland • Que la paz esté con ustedes desde San Antonio, Texas • ¡Son ángeles! Los queremos, Corpus Christi, Texas • Lamentamos profundamente por toda su comunidad. Maryland llora con ustedes • Deseando fuerza y consuelo para HP desde Ann Arbor, Michigan • Amor y condolencias desde Nueva Jersey. ¡Basta de violencia armada sin sentido! • El amor, la bondad y el apoyo nunca serán en vano. Desde Evanston • Con amor, sus vecinos de Deerfield. No olvidaremos. Lucharemos por el cambio. Que sus memorias sean una bendición.

72-4 France stands with you • Love from Poland • Sending love from the UK • Bless you from Canada • Mexico mourns • Love from Colombia • You will never be forgotten from Brazil • Prayers from Israel • Thinking of you all from Ireland • Love from Japan • Chinese: Hope you reach the Land of Bliss soon and live a happy afterlife • German: Stay strong in the belief in the good • Japanese: I hope such a thing never happens again • Japanese: As long as we are human we must overcome hatred • Spanish: God bless and comfort you HP we love you • Spanish: Mexico mourning • Filipino: Fight on, HP! We can do this • Hebrew: Together we will defeat the darkness • Japanese: May peace come to us • Armenian: God be with you • Hebrew: May the mourners be comforted among the rest of the mourners of Zion and Jerusalem. Blessed is the True Judge. • Hebrew: In honor of your memory, we fought • Japanese: Please rest in peace • Spanish: May God welcome you into his holy embrace • Mongolian: May there be peace and tranquility • Russian: We all miss you! God is always with you • Japanese: I devote myself to the Lotus of the Wonderful Law (referencing the Lotus Sutra).

Francia está con ustedes • Amor desde Polonia • Enviando amor desde el Reino Unido • Bendiciones desde Canadá • México luto • Amor desde Colombia • Nunca los olvidaremos desde Brasil • Oraciones desde Israel • Pensando en todos ustedes desde Irlanda • Amor desde Japón • Francia está con ustedes • Con cariño desde Polonia • Enviando amor desde el Reino Unido • Dios los bendiga - desde Canadá • México de luto • Con amor desde Colombia • Desde Brasil: Nunca serán olvidados • Oraciones desde Israel • Pensando en ustedes desde Irlanda • Con amor desde Japón • Chino: Que pronto llegues a la Tierra de la Dicha y tengas una vida feliz en el más allá • Alemán: Mantente fuerte en la fe en lo bueno • Japonés: Espero que algo así nunca vuelva a suceder • Japonés: Mientras seamos humanos, debemos superar el odio • Español: Que Dios los bendiga y consuele, HP. Los amamos • Español: México de luto • Filipino: ¡Sigue luchando, HP! ¡Sí se puede! • Hebreo: Juntos venceremos la oscuridad • Japonés: Que la paz llegue a todos nosotros • Armenio: Que Dios esté con ustedes • Hebreo: Que los dolientes sean consolados junto con el resto de los dolientes de Sion y Jerusalén. Bendito sea el Juez de la Verdad • Hebreo: En honor a su memoria, luchamos • Japonés: Descansen en paz • Español: Que Dios los reciba en su santo abrazo • Mongol: Que haya paz y tranquilidad • Ruso: ¡Todos los extrañamos! Dios siempre está con ustedes • Japonés: Me entrego al Loto de la Maravillosa Ley (referencia al Sutra del Loto)

78 Lord, protect this town and every other from violence of every kind help us and motivate us to fight for everyone to feel and truly be safe pray for peace.

Señor, protege a este pueblo y a todos los demás de todo tipo de violencia. Ayúdanos y motívanos a luchar para que todos puedan sentirse y estar verdaderamente seguros. Oramos por la paz.

As Rabbi Wendy Geffen so powerfully expressed, "We will not let fear and destruction have the last word, compassion, commitment, and community have the spot reserved."

Como expresó tan poderosamente la rabina Wendy Geffen: "No permitiremos que el miedo y la destrucción tengan la última palabra; la compasión, el compromiso y la comunidad tienen su lugar reservado."

I believe you are with all incoming in infinite, unconditional, divine love this day and for eternity – for this, I pray.

Creo que estás con todos los que llegan, en un amor divino, infinito e incondicional, hoy y por la eternidad — por esto, oro.

79 Pray for Peace. Pray for sanity. Never lose hope. • God, please heal our hearts. • When Jesus returns a second time, all those who died will be resurrected to live eternally. God has a promise for those of us who remain alive. Seek God, and He will fulfill any need you may have.• God grant that the light of unity may envelop the whole earth. • May all of you rest in peace. God has 7 more angels. We are with you in your pain. We love you all. • God is big in difficult times.• I pray our heavenly father's hand of protection, always rests on your motherless child THESS 5:17 (Pray without ceasing).• Please... Pray may no one else ever know this pain.

Recen por la paz. Recen por la cordura. Nunca pierdan la esperanza. • Dios, por favor sana nuestros corazones. • Cuando Jesús regrese por segunda vez, todos los que murieron resucitarán para vivir eternamente. Dios tiene una promesa para quienes seguimos con vida. Busca a Dios, y Él suplirá cualquier necesidad que tengas. • Que Dios conceda que la luz de la unidad envuelva toda la tierra. • Que todos ustedes descansen en paz. Dios tiene 7 ángeles más. Estamos con ustedes en su dolor. Los amamos a todos. • Dios es grande en los tiempos difíciles. • Oro para que la mano protectora de nuestro Padre Celestial siempre esté sobre tu hijo huérfano. TES 5:17 (Oren sin cesar). • Por favor... Recen, que nadie más tenga que conocer este dolor.

80 Forgive us, Lord, for allowing this to happen again and again and again and again and again and again.
Perdónanos, Señor, por permitir que esto ocurra una y otra y otra y otra y otra y otra vez.

Do you need more proof that God does not exist!?
¿¡Necesitas más pruebas de que Dios no existe?!

STRENGTH // FORTALEZA

85 Change can happen, but it must begin with us. With you. Spread smiles, not bullets. Learn to use your words to resolve conflict. Be kind. Give a hug to someone who needs it.
El cambio es posible, pero debe comenzar con nosotros. Contigo. Distribuye sonrisas, no balas. Aprende a usar tus palabras para resolver conflictos. Sé amable. Da un abrazo a quien lo necesite.

86-87 HP Strong
HP Fuerte

COMMUNITY // COMUNIDAD

95 May we stand United during these difficult times. May we learn to stay patient and kind with those in need of our love and support. May we help each other's light shine bright. #HP Strong.
Que permanezcamos unidos en estos tiempos difíciles. Que aprendamos a ser pacientes y amables con quienes necesitan nuestro amor y apoyo. Que ayudemos a que la luz de cada uno brille con fuerza. #HP Fuerte.

ACTION // ACCION

99 Ban Assault weapons now! HP Strong
¡Prohíban las armas de asalto ahora. HP Fuerte!

100 From pain and grief must come change and peace. I'm done hoping – let's get on with doing.

Del dolor y la tristeza deben surgir el cambio y la paz. Ya no me basta con tener esperanza: es hora de actuar.

101 Today is October 4. It has been just three months since our little city by the lake was shaken to its core at the hands of a madman with a gun. We must commit to ending all gun violence for ourselves and for our children!

Hoy es 4 de octubre. Han pasado solo tres meses desde que nuestra pequeña ciudad junto al lago fue sacudida hasta lo más profundo por un loco con un arma. ¡Debemos comprometernos a poner fin a toda la violencia armada, por nosotros y por nuestros hijos!

102-3 Forever in our hearts. Stop the violence • No more guns ban guns change must happen!!! • Ban assault weapons! Put our children and grandparents first! • No more gun violence, peace only! • Ban assault rifles/weapons now! Peace and love and HP Strong • HP strong ban assault weapons. Time for change. Guns are the problem. • Stay strong HP • it's a mental health issue. It's a resources issue. It's a guns issue access to guns — the law.

Para siempre en nuestros corazones. Alto a la violencia • ¡No más armas, prohíban las armas, el cambio debe suceder! • ¡Prohíban las armas de asalto! ¡Pongan a nuestros niños y abuelos primero! • ¡No más violencia armada, solo paz! • ¡Prohíban los rifles/armas de asalto ya! Paz, amor y HP Fuerte • HP Fuerte, prohíban las armas de asalto. Es hora de un cambio. Las armas son el problema. • Fuerza HP • Es un asunto de salud mental. Es un asunto de recursos. Es un asunto de armas: el acceso a las armas — la ley.

104 Still praying for change. May your death not be in vain • May your memory be a blessing.

Aún orando por un cambio. Que tu muerte no haya sido en vano • Que tu memoria sea una bendición.

EVOLUTION // EVOLUCION

108 We are still here – still remembering you. Still caring for HP. Still fighting for change. We will never stop.

Seguimos aquí — aún recordándote. Aún cuidando de HP. Aún luchando por el cambio. Nunca dejaremos de hacerlo.

117 This fabric represents the four people across the state of Tennessee who lose their lives to gun violence Every. Single. Day. Their fate is in your hands. What will you do?

Esta tela representa a las cuatro personas en todo el estado de Tennessee que pierden la vida por la violencia armada cada. día. Su destino está en tus manos. ¿Qué harás tú?

CONCLUSION // CONCLUSION

121 Love to Chicago victims. #HPStrong

Amor para las víctimas de Chicago. #HPFuerte

123 Leave what you want. Take what you need.

Deja lo que quieras. Toma lo que necesites.

144 In the aftermath, an equation to learn... May we learn to open our hearts and arms to those in need. May we open our eyes and be honest with the truth that stands in front of us. Fear not the difference that stands in front of you. Open your spirit and embrace a life in need. Smile, be kind, empathetic and love. We need each other in such a lonely world. Share happiness, love, compassion, and understanding. We now feel your pain and we must learn to heal. We must learn from our mistakes. The equation has been handed us. Let us strive to make it work. Godspeed...

En las secuelas, una ecuación por aprender... Que aprendamos a abrir nuestros corazones y brazos a quienes lo necesitan. Que abramos los ojos y seamos honestos con la verdad que tenemos frente a nosotros. No temas a la diferencia que tienes delante. Abre tu espíritu y abraza una vida necesitada. Sonríe, sé amable, empático y ama. Nos necesitamos los unos a los otros en un mundo tan solitario. Comparte felicidad, amor, compasión y comprensión. Ahora sentimos tu dolor y debemos aprender a sanar. Debemos aprender de nuestros errores. Se nos ha entregado la ecuación. Esforcémonos por hacer que funcione. Que Dios te acompañe...

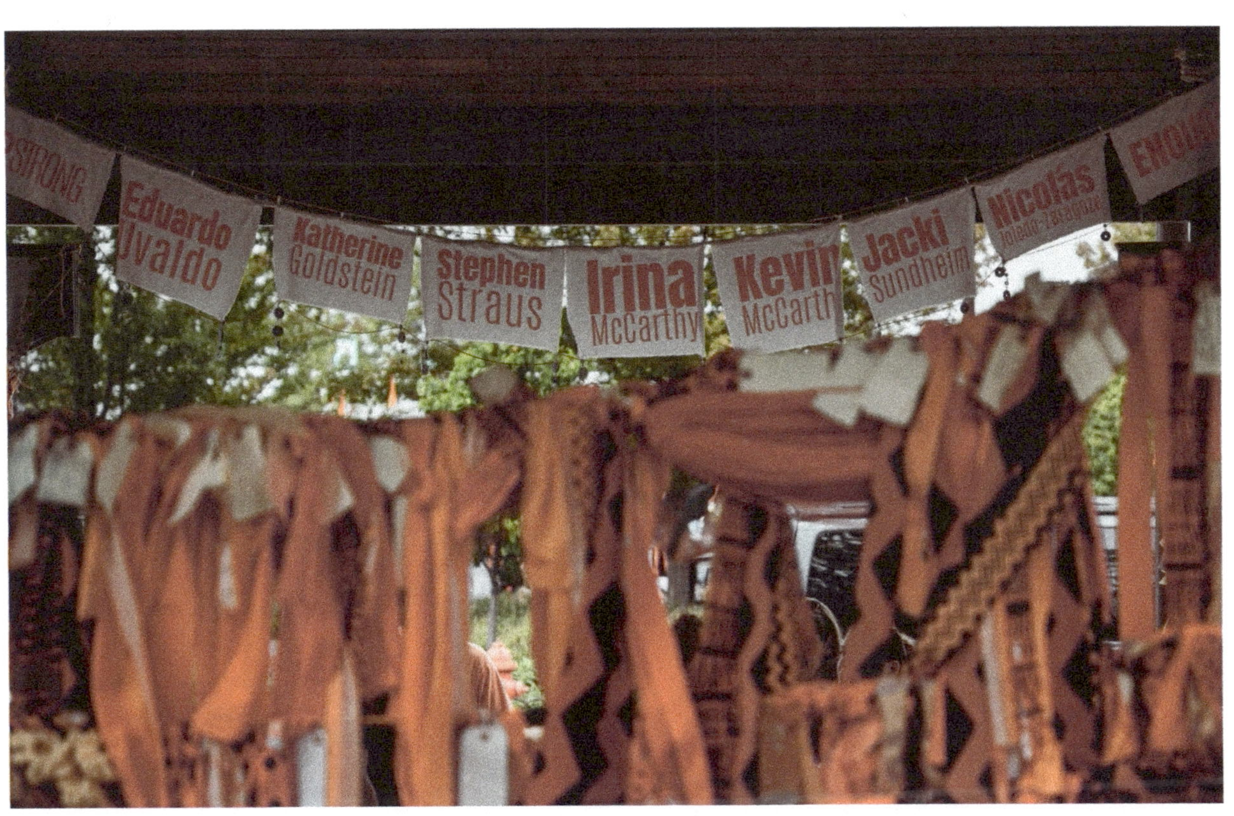
Eduardo Uvaldo
Katherine Goldstein
Stephen Straus
Irina McCarthy
Kevin
Jacki Sundheim
Nicolás

CONNECT // CONECTAR

In an effort to make our story as accessible as possible, this book has been offered at cost. It is also available as an ebook.

If you'd like to support communities affected by gun violence, please consider a gift to Arts4Impact. 100% of your tax-deductible donation will empower local creatives to spark rapid-response art activations that transform hope into healing, and anguish into action.

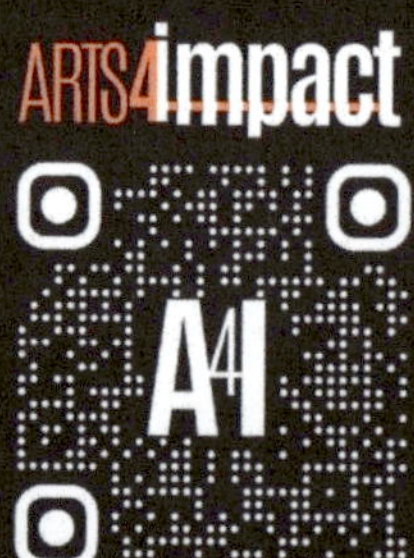

Scan to donate or learn more
Arts4Impact.org | 501(c)(3) | EIN 92-298-0801

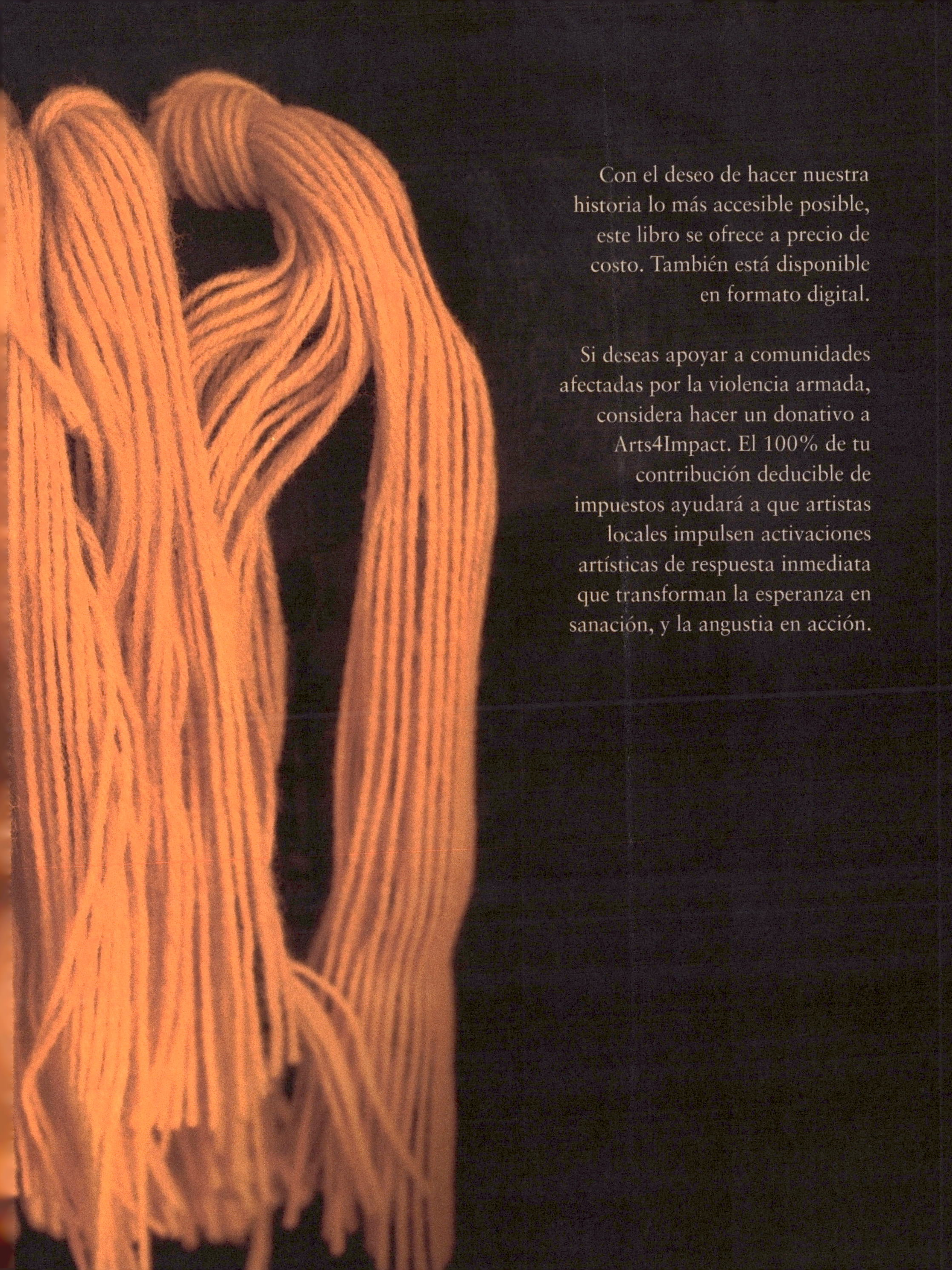

Con el deseo de hacer nuestra historia lo más accesible posible, este libro se ofrece a precio de costo. También está disponible en formato digital.

Si deseas apoyar a comunidades afectadas por la violencia armada, considera hacer un donativo a Arts4Impact. El 100% de tu contribución deducible de impuestos ayudará a que artistas locales impulsen activaciones artísticas de respuesta inmediata que transforman la esperanza en sanación, y la angustia en acción.

Summary: *Memorial: Love, Loss, and the Art of Remembrance* is a lyrical and visually powerful exploration of how one community transformed anguish into action. Born from the temporary Highland Park Arts Memorial — sparked by artist-activist Jacqueline von Edelberg in response to the July 4th mass shooting — and evolved in Nashville after the Covenant School tragedy, this book weaves poetry, photography, and personal reflection into a deeply moving journey through grief, healing, and hope. It captures how a public space became sacred ground, how art gave form to sorrow, and how the human need for connection turned mourning into movement. More than a tribute, *Memorial* is a call to resist paralysis, to create beauty in the face of darkness, and to remember that healing begins when we come together.

Library of Congress Cataloging-in-Publication Data in process
Print Hardcover ISBN: 979-8-9990509-4-6
Ebook ISBN: 979-8-9990509-1-5
Published and printed by Arts4Impact in the United States

Translation by Cary Rositas-Sheftel
Foreword by Andrés Tapia
Cover photos: Jim Vondruska (front); Jamie Kelter Davis (back)
First Edition

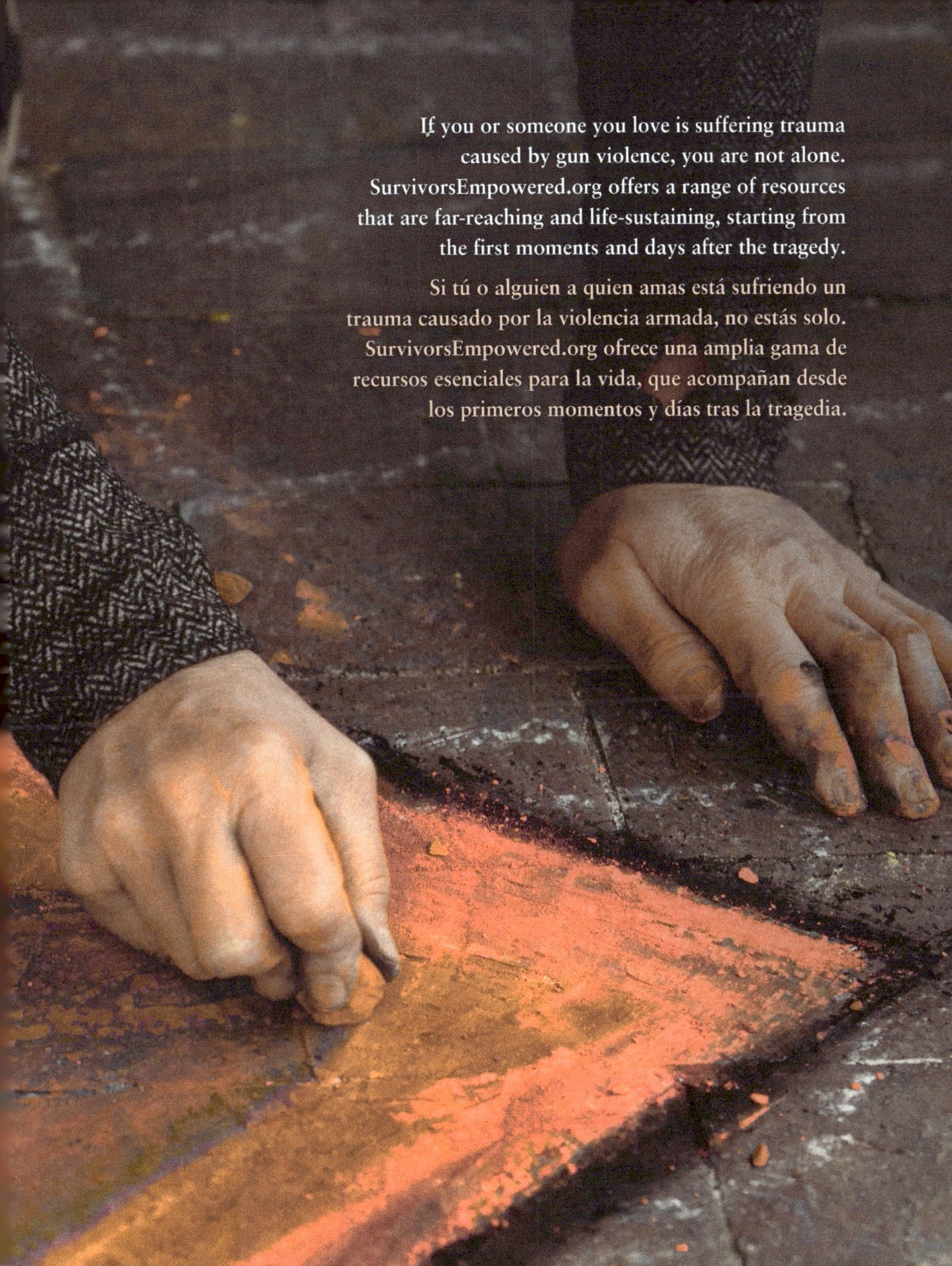
If you or someone you love is suffering trauma caused by gun violence, you are not alone. SurvivorsEmpowered.org offers a range of resources that are far-reaching and life-sustaining, starting from the first moments and days after the tragedy.
Si tú o alguien a quien amas está sufriendo un trauma causado por la violencia armada, no estás solo. SurvivorsEmpowered.org ofrece una amplia gama de recursos esenciales para la vida, que acompañan desde los primeros momentos y días tras la tragedia.

In the aftermath, an equation to learn....

May we learn to open our hearts and arms
to those in need.

May we open our eyes and be honest with the
truth that stands in front of us.

Fear not the difference that stands in front of you.

Open your spirit and embrace a life in need.

Smile, be kind, empathic and love.

We need eachother in such a lonely world.

Share happiness, love, compasion and understanding.

We now feel your pain and we must learn to heal.

We must learn from our mistakes.

The equation has been handed us.

Let us strive to make it work.

Godspeed.... Gemma
xox

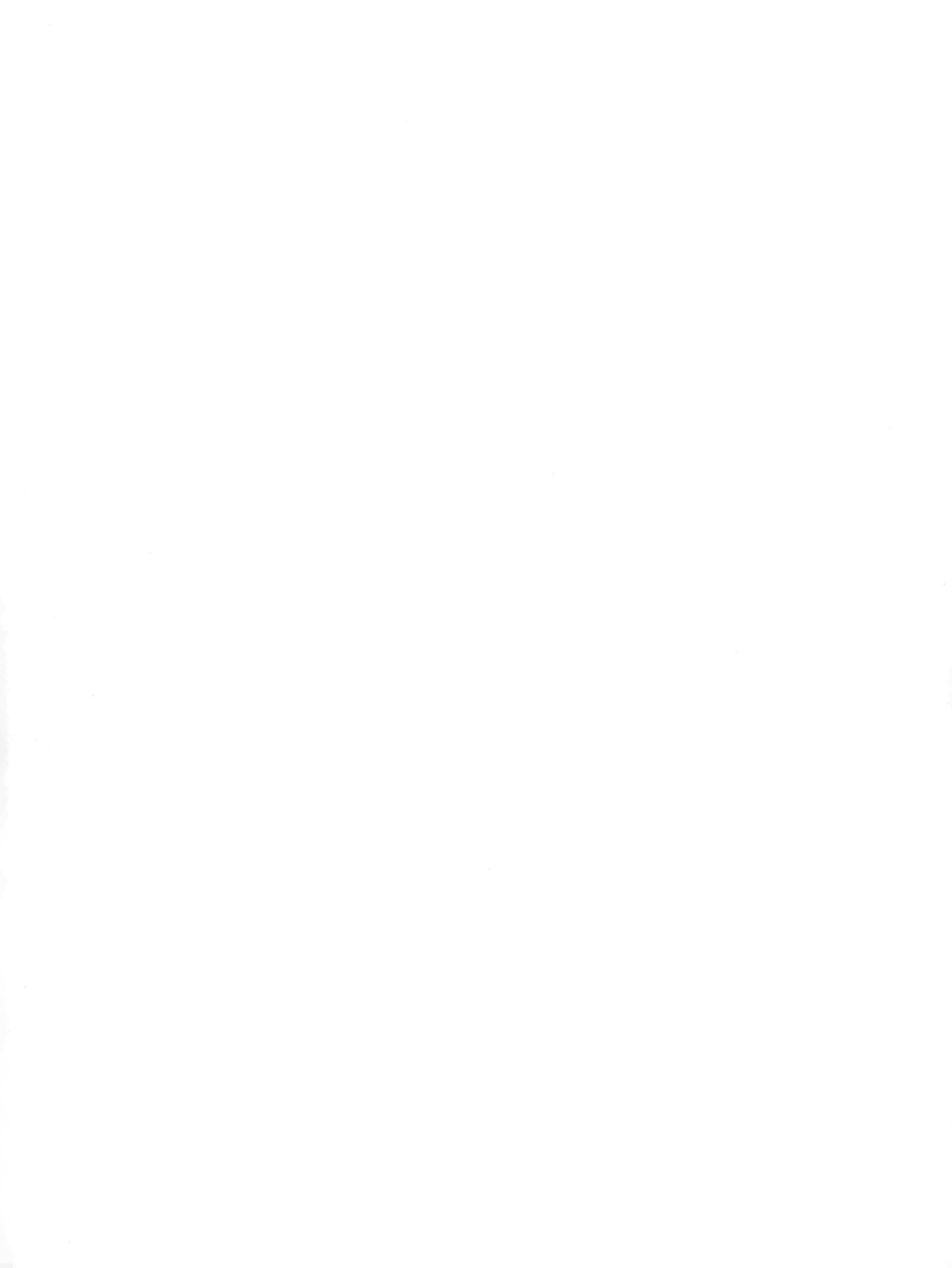

www.ingramcontent.com/pod-product-compliance
Lightning Source LLC
LaVergne TN
LVHW070618110826
845155LV00009B/22

9798999050946